예수 팩트

KB191949

예수 팩트

발행일	2020년 1월 3일

지은이	임동훈		
펴낸이	손형국		
펴낸곳	(주)북랩		
편집인	선일영	편집	오경진, 강대건, 최예은, 최승헌, 김경무
디자인	이현수, 한수희, 김민하, 김윤주, 허지혜	제작	박기성, 황동현, 구성우, 장홍석
마케팅	김회란, 박진관, 조하라, 장은별		
출판등록	2004. 12. 1(제2012-000051호)		
주소	서울특별시 금천구 가산디지털 1로 168, 우림라이온스밸리 B동 B113~114호, C동 B101호		
홈페이지	www.book.co.kr		
전화번호	(02)2026-5777	팩스	(02)2026-5747

ISBN	979-11-6539-010-5 03230 (종이책)	979-11-6539-011-2 05230 (전자책)

이 도서의 국립중앙도서관 출판예정도서목록(CIP)은 서지정보유통지원시스템 홈페이지(http://seoji.nl.go.kr)와
국가자료공동목록시스템(http://www.nl.go.kr/kolisnet)에서 이용하실 수 있습니다.
(CIP제어번호: CIP2019053489)

임동훈 저

예수 팩트

예수는 누구인가?
그리고 교회는 무엇인가?
그 실체를 속 시원히 드러내다!

북랩 book Lab

글머리에,

　사람은 자신이 타고난 성품에 따라 무엇이 옳고 그른지를 스스로 판단하며 살아갑니다. 하지만 어느 것이 참으로 공정하고 불공정한지는 자기도 모르는 경우가 많습니다. 그래서 나름대로 위인들의 교훈을 배우고 본받아 선을 행하며 위안을 받습니다. 그런데 그것이 궁극적으로 의롭지 못하다면 어찌하겠습니까? 그동안의 잘못을 솔직히 고백하고 회개하는 용기가 필요합니다. 이런저런 핑계를 대며 변명을 하거나, 자기주장을 굽히지 않고 고집을 부리거나, 다른 사람에게 책임을 전가해서는 안 됩니다. 여기서 의인과 죄인이 확연히 드러납니다.

　다윗과 사울은 다 같이 하나님의 소명을 받고 이스라엘의 왕이 되었습니다. 그런데 둘 다 죄를 지었습니다. 다윗은 남의 부인을 데려다가 간통하고 그 남편까지 죽이는 천인공노할 죄를 지었고, 사울은 원수를 모조리 진멸하라는 하나님의 명령을 어기고 그 일부를 살려준 죄를 범하였습니다. 그런데 다윗은 이스라엘 역사상 가장 위대한 성군이 되었고, 사울은 후계자인 아들까지 죽는 모습을 바라보며 자기도 자살할 수밖에 없었습니다. 다윗은 자신의 잘못을 깨닫고 즉시 회개한 반면, 사울은 후회만 반복하며 끝내 회개하지 않았기 때문입니다. 하지만 그 결과는 천양지차로 나타났습니다.

한때 무신론자요, 불가지론자였던 영국의 철학자 루이스(Clive Sta-
ples Lewis, 1898~1963)가 자서전에서 말했습니다. '성경에 기록된 예수
가 정말 하나님의 아들로서 성육신한 구원자인지, 아니면 역사상 둘
도 없는 정신병자이거나 희대의 사기꾼인지, 우리는 자세히 살펴보고
후회 없는 결정을 내려야 한다. 자신의 영원한 구원자로 받아들이든
지, 아니면 악마의 자식으로 여기고 배척하든지 결단해야 한다. 어정
쩡하게 최고의 선생이니 성인이니 하는 따위의 고백은 정말 어리석다.'

그래서 당시 최고의 율법학자요, 산헤드린 공회원인 니고데모도 한
밤중에 예수를 찾아와 고백하였습니다. '랍비님, 우리는 선생님을 하
나님께서 보내신 분으로 알고 있습니다. 하나님께서 함께하시지 않고
서야 누가 선생님처럼 그런 기적들을 행할 수 있겠습니까?'

우주는 너무나 광활하여 사람이 관찰하거나 탐구할 수 있는 대상
이 아닙니다. 사람은 10㎞ 남짓한 마리아나 해구에도 어떤 생물이 얼
마나 살고 있는지 모릅니다. 과학의 발달로 그 실체가 어느 정도 드러
나기는 하겠지만, 아직도 지구의 생명체 가운데 70%가량이 그 이름
조차 없다고 합니다. 그런데 사람의 내면세계는 어떻습니까? 우주가
신비하지만 존재하듯, 사람의 영혼도 분명히 존재합니다. 하지만 과학
이나 학문으로 드러낼 수가 없습니다. 그럼에도 모른 척하고 지나가기
에는 뭔가 계속 찜찜합니다. 우주의 실체가 궁금하듯, 사람의 사후세
계는 더욱 궁금합니다.

비록 눈에는 보이지 않지만, 사람의 내면세계에 무엇이 존재하는지
우리는 분명히 알고 확실히 믿고 싶습니다. 이러한 본성이 누구에게

나 있습니다. 그런데 여전히 우리의 이성 밖에 있으니 어쩌면 좋습니까? 여기서 믿음이 시작되고 신앙이 싹트게 됩니다. 사람은 누구나 절대자를 의지하고 초월자의 도움을 받기 원합니다. 하지만 우리의 사고나 직관으로 경험되지 않으니, 믿음으로 받아들일 수밖에 없지 않습니까?

예수는 우리에게 유일한 희망을 확실히 보여주었습니다. 회개와 믿음을 전제로 용서와 화해라는 구원의 선물을 약속하였습니다. 그에 따른 포상금으로 영생도 허락하였는바, 죽음에 대한 공포심과 사후에 대한 불안감을 말끔히 씻어주었습니다. 하지만 우리는 자신의 자유의지로 구원자 예수를 받아들일 수도 있고 배척할 수도 있습니다. 따라서 그 결과에 따른 책임도 우리 자신이 질 수밖에 없습니다.

사람의 자유의지 오남용은 하나님이 금하신 선악과를 따먹음으로써 빚어진 아담의 불순종과 정도를 벗어난 하와의 실수에서 그 유래를 찾을 수 있습니다. 그때 발생한 사망의 쏘는 독을 예수가 십자가에 달려 말끔히 제거하여 주었습니다. 이를 믿음으로 받아들이는 사람은 정말 행복합니다. 이제 자신의 자유의지를 잘못 사용하여 빚어지는 불상사는 그 어떤 것으로도 보상받을 수 없습니다. 영원한 생명이 걸린 일생일대의 가장 큰 문제라는 사실을 분명히 알아야 합니다.

그러므로 사람은 누구나 예수를 자신의 구원자로 받아들이고 새로운 피조물이 되어야 합니다. 그래야 육화한 작은 예수로서 행복하게 살 수 있습니다. 이것이 우리에게 주어진 궁극적 목표요, 교회가 세상에 존재하는 이유입니다. 구원에 따른 영생의 선물은 생명의 근원적 변화로서, 그 어떤 종교적 교화로도 주어지지 않습니다. 그래서 예수가 똑 부러지게 분명히 말했습니다. '내가 곧 길이요, 진리요, 생명이다. 나를 통하지 않고는 아무도 아버지께 갈 수 없다.'

 여기서 필자는 인류 최고의 난제이자 사람의 원초적인 문제를 나름대로 속 시원히 드러내 보이려고 노력하였습니다. 그런데 그것이 사람의 말이나 글로 표현되지 않는다는 사실을 깨달았습니다. 사람의 의지나 노력으로 해결되는 문제가 아니라, 오직 믿음과 순종으로 가능하다는 말입니다. 그래서 바울이 말했습니다. '복음에는 하나님의 의가 나타나서 믿음으로 믿음에 이르게 하나니, 기록된바 오직 의인은 믿음으로 말미암아 살리라 함과 같으니라.'

> '풀은 마르고 꽃은 시드나,
> 우리 하나님의 말씀은 영원히 서 있다.'(이사야 40:8)

2019년 12월

예수나라 청지기

차례

제2편 교육을 위하여 / 23

제3편 선교를 위하여 / 32

제4편 의료를 위하여 / 40

제5편 구원을 위하여 / 49

제2권 교회는 무엇인가?

제1권
예수는 누구인가?

시 1편

복 있는 자는 악인의 꾀를 따르지 않고
죄인의 길에 서지 않으며
오만한 자의 자리에 앉지 않고
오직 주님의 율법을 즐거워하며
그 율법을 주야로 묵상하는 사람입니다.

그는 시냇가에 심은 나무가 철 따라 열매를 맺고
그 잎이 시들지 않음과 같으니
그가 하는 일마다 다 잘 될 것입니다.

그러나 악인은 그렇지 않으니
그는 바람에 흩날리는 겨와 같습니다.

그러므로 악인은 심판을 견디지 못하고
죄인은 의인의 자리에 들지 못할 것입니다.

무릇 의인의 길은 주님이 지켜주시나
악인의 길은 파멸에 이를 것입니다.

제1편
정의를 위하여

✝

01. 가난뱅이

　예수는 BC 5년경 태어났다. 아우구스투스(Augustus, BC 63~AD 14) 황제의 칙령에 따라 로마 제국이 호적을 등록할 때였다. 요셉과 마리아가 갈릴리 나사렛에서 유대 베들레헴으로 올라갔다. 그들은 다윗의 후손이었고, 그곳은 다윗의 고향이었기 때문이다. 여관이 다 차서 마구간에 들어가 머물 수밖에 없었다. 그때 달이 차서 마리아가 해산하였다. 그래서 예수는 다윗의 자손으로 외양간에서 태어나 말구유에 눕혀졌으며, 인근 들판에서 양을 치던 목자들의 경배를 받았다.

　얼마 후 예수는 생명의 위협을 받고 이집트로 피신하였다. BC 4년경 헤롯왕이 죽자 나사렛으로 돌아와 부모를 섬기며 살았다. 일찍 아버지를 여의고 가업을 이어받아 석공이 되었으며, 어머니와 동생들을 부양하였다. 30세에 광야로 나가 40일간 금식하며 공생애를 준비하였다. 요단강으로 요한을 찾아가 세례를 받고, 3년간 가난한 자와 병든 자, 장애인과 죄인들을 돌보며 그들과 함께 지냈다. 그리고 예루살렘으로 올라가 숱한 고난을 받고 십자가에 달려 죽었다. 그때 나이 33세쯤이었다.

이렇듯 예수는 3년 남짓 사역하면서 눈먼 사람을 보게 하고, 다리 저는 사람을 걷게 하고, 나환자를 깨끗하게 하고, 귀먹은 사람을 듣게 하고, 죽은 사람을 살리고, 가난한 사람에게 복음을 전하였다. 부자가 하나님의 나라에 들어가기란 낙타가 바늘귀로 빠져나가는 것보다 어렵다고 하였으며, 자기 소유를 다 팔아 가난한 자들에게 나눠주라고 하였다.

천국은 마음이 가난한 자들의 것이다. 그들을 통해 하나님의 나라가 이루어진다. 하나님의 정의는 가난한 자들에 의해 드러난다. 예수는 지상 최고의 부자였으나 스스로 가난하게 살았다. 부자라고 해서 다 천국에 들어가지 못한다는 법은 없으나, 부자는 그만큼 사회적으로 책임이 클 수밖에 없다. 예수는 가난뱅이로 태어나 가난한 자들과 함께 지냈으며, 지금도 그들과 함께 살아가고 있다.

02. 거짓말쟁이

예수는 평생 거짓말을 한 적이 없다. 거짓말은 자신의 유익을 위해 남을 속이는 파렴치한 범죄다. '거짓말도 잘만 하면 논 다섯 마지기보다 낫다'는 속담이 있다. 사람이 살다가 보면 부득이 거짓말할 때가 있으며, 처세에 유익할 수도 있다는 뜻이다. 하지만 그 거짓말이 이웃에게 해를 끼치거나 무죄한 사람을 억울하게 만든다면 어찌하겠는가? 성경은 이웃을 해치려고 거짓말하거나 거짓 증언을 해서는 안 되며, 바른말만 하고 참되게 살아야 한다고 가르친다.

초막절을 맞아 예루살렘에 올라가 크게 위세를 떨치라는 동생들의 권유를 받고, 예수는 아직 자신의 때가 되지 않아 올라가지 않겠다고 하였다. 그리고 아무도 모르게 조용히 올라가 성전에서 말씀을 선포하였다. 이는 하나님의 뜻을 이루기 위한 방편이었다. 거짓말은 원칙적으로 나쁜 의도가 있기 마련인바, 선을 위한 부득이한 선택이라면 보호받을 수 있다.

여리고의 기생 라합은 이스라엘 정탐꾼을 숨겨주고 공무를 수행하는 군인들을 따돌림으로써 일가족이 구원을 받았다. 하나님의 뜻을 깨닫고 순응함으로써 보호받을 수 있었다. 정당방위나 자기방어, 긴급피난 등은 현행법으로도 보호를 받는다. 하지만 정당한 사유 없이 사사로운 욕심에 치우친 거짓말은 무조건 나쁜 것이며, 거짓말은 하면 할수록 재생산된다는 특징이 있다. 그래서 성경은 거짓 증언을 해서는 안 되며, 거짓말쟁이가 되는 것보다 가난뱅이로 사는 편이 낫다고 하였다.

03. 반항자

예수는 사회 정의를 구현하기 위해 의분을 숨기지 않고 당당하게 표출하였다. '이 뱀 같은 새끼들아! 독사의 자식들아! 너희가 어찌 지옥의 심판을 피할 수 있겠느냐?' 이렇듯 물질문화에 찌든 사회적 풍조와 종교적 기득권 세력에 맞서 단호히 항거하였다. 그리고 품삯을 실적에 관계없이 평등하게 지급하여 성실한 일꾼의 불만을 샀다는 이야기며, 불의한 청지기의 행위를 칭찬함으로써 뜻있는 사람들의 고개를 갸우뚱하게 만들기도 하였다. 유월절 행사의 오랜 관습을 타파하고 성전을 난장판으로 만들어 종교 지도자들의 빈축을 샀으며, 죄 없는 무화과나무를 저주하여 바싹 마르게 함으로써 제자들을 어리둥절하게도 만들었다.

그러나 예수는 십자가를 목전에 두고 제자들의 발을 씻겨주었으며, 자신은 섬김을 받으러 온 것이 아니라 섬기러 왔으며, 오히려 자기 목숨을 많은 사람들의 대속물로 내주러 왔다고 하였다. 그래서 다니엘이 미리 기도하였다. '주여 구하오니, 주는 주의 공의를 따라 주의 분노를 주의 성 예루살렘, 주의 거룩한 산에서 떠나게 하옵소서.'

04. 변호사

예수는 지상 최고의 인권 변호사로서 지금도 작은 자들의 무상 변론을 맡고 계신다. 예수는 3년간의 짧은 공생애 기간에 적어도 60개 이상의 전문 직업인으로 일하였다. 어릴 때부터 아버지 요셉과 함께 건축가로 일하였고, 12살 때 이미 신학자로서 성경 토론을 주도하였고, 소크라테스의 정의를 완성한 사회 운동가였고, 하늘나라 운동을 전개한 복음 전도자였고, 천재 문학가로서 세기적 명언과 격언으로 사람들을 감동시키고, 기상천외한 비유와 답변으로 적대자들의 공격을 무력화시켰으며, 탁월한 변증론으로 종교 지도자들의 허를 찔렀다. 그래서 시인이 말하였다. '주님은 공의를 세우시며 억눌린 모든 사람의 권리를 변호하신다.'

05. 석수

예수는 일찍 가업을 이어받아 석수와 목수로 일한 것으로 보인다. 돌이나 금속, 나무 등을 깎고 다듬어 건물을 짓는 직업이다. 당시 팔레스타인은 건축 재료로 사용할 만한 목재가 거의 없었으며 대부분 돌로 집을 지었다. 헤롯 성전도 수입 목재 1%를 빼고 99%가 돌로 지어졌다고 한다. 그래서 예수가 말하였다. '그러므로 내 말을 듣고 실천하는 사람은 반석 위에 집을 지은 지혜로운 사람과 같다. 비가 내려 홍수가 나고 바람이 불어 그 집에 몰아쳐도 무너지지 않는 것은, 그 집을 반석 위에 세웠기 때문이다.'

06. 성인

예수는 불교의 석가모니(인도, BC 563~483), 유교의 공자(중국, BC 551~479), 철학자 소크라테스(그리스, BC 470~399)와 함께 세계 4대 성인으로 불린다. 석가모니는 80세, 공자는 73세, 소크라테스는 72세까지 살고 죽었으나, 예수(이스라엘, BC 5~AD 29)는 33년쯤 살고 죽었다가 부활하여 승천하였다. 그때 사람들의 평균 수명은 50세 전후였다. 석가모니는 왕자로서 아라한(Arahan) 제자만 1,200명 있었고, 공자는 노나라의 유명 관료로서 수제자만 72명 두었다. 소크라테스도 최고의 철학자로서 플라톤, 아리스토텔레스, 알렉산더 대왕 등의 제자들이 대를 이었다. 하지만 예수는 떠돌이 설교자로서 12명의 제자만 사도로 두었으며, 그나마 신분이 모두 비천하였다. 그럼에도 인류의 역사는 예수와 그 제자들에 의해 다시 쓰였다.

사실 예수는 성인이기 전에 만유를 포함한 구원자다. 성인들은 모두 스스로 부족한 인간임을 드러내고 죽었으나, 예수는 자신이 길이요, 진리요, 생명이라고 천명하였다. 그리고 부활하여 사망을 무력화시켰으며, 승천하여 하나님 우편에 앉아 계신다. 그래서 베드로가 말하였다. '이 예수 밖에는 다른 아무에게도 구원이 없습니다. 하늘 아래 우리가 의지하여 구원받을 만한 다른 이름을 하나님께서 주신 적이 없기 때문입니다.'

07. 위선자

예수는 사람을 속이거나 기망한 적이 없다. 온갖 죄를 만들어 덧씌운 적대자들도 예수의 도덕성에 대해서는 의심을 품지 않았다. 혹시 예수의 가르침에 무슨 문제가 있었다면 금방 이중인격자로 몰렸을 것이며, 사람들은 더 이상 따라다니지 않았을 것이다. 당시 지도자들은 신성모독죄, 소요죄, 선동죄, 행악자 등 온갖 죄목을 붙여 악랄하게 예수를 고발하였으나 모두 기각되었다. 확실한 증거가 하나도 나오지 않았기 때문이다. 그러자 유대인의 왕이라는 반란죄를 뒤집어씌워 결국은 십자가에 못 박았다.

만일 예수가 윤리적으로 털끝만 한 문제라도 있었다면 그들이 그냥 지나쳤을 리가 없다. 그야말로 치명적인 한방을 날려 굴복시켰을 것이다. 온갖 올가미를 만들어 덧씌우며, 고발할 구실을 삼기 위해 숱한 유도 질문을 퍼붓고, 밤을 지새우며 이중 삼중으로 심문한 그들이 아닌가? 하지만 예수는 그때마다 솔직 담백한 답변으로 그들의 예봉을 모두 피해 나갔다.

사실 예수가 단 한 번이라도 사기를 치거나 남을 속였다면, 사랑과 구원을 선포하고 정의와 진리를 수호하기 위해 죽음도 불사한 그의 가르침은 모두 허구에 불과했을 것이며, 그 많은 사람들이 예수를 따라 순교에 동참하지 않았을 것이다. 거짓을 일삼는 위선자를 보고 누가 목숨을 바치겠는가? 그럴 사람은 동서고금을 떠나서 아무도 없다. 그래서 예수가 말하였다. '위선자들아, 너희가 하늘과 땅의 기상은 그렇게 분별할 줄 알면서, 왜 이 시대의 징조는 분별하지 못하느냐?'

08. 의인

예수는 성령으로 잉태하여 동정녀의 몸을 빌려 태어났다. 따라서 아담으로부터 이어진 원죄에서 자유로울 수 있었으며, 인류 역사상 죄 없는 유일한 사람이었다. 성경에서 의인은 없나니 하나도 없으며, 깨닫는 사람도 없고 하나님을 찾는 사람도 없다고 하였다.

마리아는 예수를 잉태하여 낳고 양육한 어머니로서 그 책임과 의무를 성실히 수행하였으며, 예수는 인류의 죗값을 대신 치를 구세주로서 온전한 사람의 아들이자 완전한 하나님의 아들로 구속 사역을 완수하였다. 맹인이 맹인을 인도할 수 없듯이, 죄인이 죄인을 구원할 수 없음은 너무나 당연한 일이다. 그래서 바울이 말하였다. '하나님의 의가 복음 속에 나타납니다. 이 일은 오로지 믿음에 근거하여 일어납니다. 이는 성경에 기록된바, 의인은 믿음으로 말미암아 산다고 한 것과 같습니다.'

09. 테러범

예수는 12제자 가운데 시몬이라는 열심당원을 두었으나 정치적 목적으로 무력을 행사하거나 모의한 적이 없다. 오히려 세금 문제로 시험한 바리새인들에게 황제의 것은 황제에게, 하나님의 것은 하나님께 바치라고 하였다. 그럼에도 예수에게 반역죄를 뒤집어씌운 것은 종교 지도자들의 기득권 때문이었다. 빌라도 총독도 그 사실을 익히 알고 있었으나 민란이 두려워 예수를 정치적 희생양으로 삼았던 것이다. 그래서 대제사장들이 소리쳤다. '만일 이 사람을 놓아주시면, 총독님은 로마 황제의 충신이 아닙니다. 누구든지 자기를 왕이라고 하는 사람은 황제 폐하를 반역하는 자가 아닙니까?'

10. 혁명가

예수는 유대의 지도자들, 곧 대제사장과 율법학자와 장로들을 심하게 질책하였으나, 그들의 종교 체계를 부정하거나 법질서를 허물어뜨리지 않았다. 그들의 수구적 생각을 바로잡아 개혁함으로써 하나님의 영광을 드러내려고 하였다. 마찬가지로 로마의 정치 세력을 추방하여 독립 국가를 세우려고 시도한 적도 없다. 그래서 바울이 말하였다. '사람은 누구나 위에 있는 권세에게 복종해야 합니다. 모든 권세는 하나님께서 주시는 것이며, 이미 있는 권세도 하나님께서 세우신 것입니다.'

예수 팩트

제2편
교육을 위하여

11. 개혁자

예수의 사역은 광야의 시험으로 시작하여 골고다의 부활로 완성하였다. 어느 누구도 생각지 못한 혁신이요, 개혁이었다. 당시 유대인의 율법주의와 선민주의는 너무나 심각하여 온 세상을 지옥의 나락으로 빠뜨리기에 충분하였다. 종교 지도자들은 탐욕에 빠져들어 장사꾼으로 전락한 지 오래되었고, 성전은 그야말로 강도의 소굴이나 다름이 없었다. 그래서 예수는 의분이 가득하여 성전 뜰을 가득 메운 가축들을 다 몰아내고, 환전상의 돈을 쓸어버리며 상을 둘러엎었다. '성경에 내 집은 만민이 기도하는 집이라고 기록되었지 않느냐? 그런데 너희는 강도의 소굴로 만들어버렸다!'

또 안식을 훼방하는 안식일 전례를 폐기하고 그 본질을 일깨워 주었으며, 금식과 기도, 정결예식 등 종교적 타성에 젖어 그 취지와 정신을 망각한 장로의 유전을 크게 질타하였다. '하나님이 원하시는 것은 제사의 제물이 아니라 이웃을 위해 베푸는 자선이다!' 그리고 자신은 의인을 부르러 온 것이 아니라 죄인을 불러 회개시키러 왔으며, 평화가 아니라 분쟁을 일으키러 왔다고 하였다. 그래서 히브리서 기자가 말하였다. '먹는 것과 마시는 것, 여러 가지 씻는 예식 등은 개혁의 때까지 육체를 위하여 부과된 규칙들이다.'

주님의 빛이 세상에 비침으로써 어둠 속의 것들이 벌거벗은 상태로 드러났으며, 잘못되고 거짓된 것들이 바로잡히고 새롭게 뜯어고쳐지기 시작하였다. 이는 12사도를 비롯하여 바울과 바나바, 실라와 디모데 등 초대교회 전도자들에 의해 계승되어, 16세기 이후 이어지는 개혁자들의 정신으로 승화되어 프로테스탄트 교회로 열매를 맺었다.

12. 교육자

예수는 여러 제자들을 두고 꾸준히 인생의 의미를 가르친 참 스승이자 교육자였다. 12살 때 이미 율법학자들과 토론을 하였으며, 성경에 능통한 랍비로서 매사에 모범을 보였다. 하나님 아버지의 뜻을 분명히 알고 있었는바, 30세까지 생업에 종사하며 조용히 때를 기다렸다. 어머니 마리아도 대단한 가정교사로서 아들 예수에 대한 확고한 믿음을 가지고 있었다. 그래서 예수가 잔칫집에 포도주가 떨어졌다는 어머니의 부탁을 받고 말하였다. '어머니, 그것이 나와 무슨 상관이 있습니까? 아직 내 때가 되지 않았습니다.' 하지만 예수는 어머니의 부탁을 들어주었다.

13. 랍비

예수는 유대의 랍비로서 성경에 능통하고 율법에 익숙하였다. 제자들과 니고데모 등이 랍비라고 불렀으며, 예수도 스스럼없이 받아들였다. 랍비는 인생의 스승이요, 제자는 스승의 삶을 이어받았다. 12제자를 뽑아 사도라 불렀으며, 72명의 제자를 따로 세워 전도자로 파송하였다. 어느 누구도 차별하지 않고 모든 사람을 제자로 삼아 세례를 주었으며, 자신의 교훈을 가르쳐 지키게 하라고 당부하였다. 그래서 베드로가 말하였다. '랍비님, 우리가 여기에 있는 것이 좋겠습니다. 우리가 초막 셋을 지어 하나에는 랍비님을, 하나에는 모세를, 하나에는 엘리야를 모시겠습니다.'

14. 신학자

예수는 구원의 문이 좁다고 하였으나 오늘날 구원의 문은 너무 넓어서 탈이다. 400개에 이르는 교단에서 자기네 교리에 익숙한 신학자를 너무 많이 배출한다는 말이다. 예수는 형제에게 노하는 자마다 심판을 받는다고 하였으나, 오늘날 신학자는 서로 이전투구하며 아귀다툼까지 벌이기 일쑤다. 예수는 부자가 천국에 들어가기란 심히 어렵다고 하였으나, 오늘날 신학자는 부자가 되지 못한 것이 예수를 잘못 믿은 결과라고 가르친다.

이렇듯 오늘날 신학자는 분명히 예수의 가르침에서 크게 벗어나 있다. 그들은 자기네 교세를 확장시키는 교권자이지 예수의 교훈을 바로 가르치는 참 신학자가 아니다. 예수는 제자들의 발을 씻기고 섬김의 본을 보인 스승이었다. 그래서 바울이 말하였다. '그리스도 안에서 여러분에게 일만 명의 스승이 있을지라도, 아버지는 여럿이 있을 수 없습니다. 그리스도 예수 안에서 복음으로 내가 여러분을 낳았습니다.'

15. 원리주의자

예수는 개혁주의를 추구하였으나 상대방의 주장을 무조건 배척하는 원리주의자는 아니었다. 제자들에 대해서도 상당히 너그럽게 대하였다. 열심당 시몬과 가룟 유다와 같은 독립투사와 민족주의자도 스스럼없이 받아들였다. 원리주의나 근본주의 등은 자신의 종교적 신념에 충실하려고 애쓰는 것인바, 무조건 나쁘다고 할 수는 없다. 하지만 지나치면 부족함만 못하다.

요나는 자신이 유대인이라는 이유로 이방인 니느웨의 구원을 심히 못마땅하게 여겼다. 그래서 하나님의 명령을 거역하고 반대편 다시스로 가다가 바다에 던져져 물고기 배 속에서 3일간을 지냈다. 하나님은 모든 나라와 민족을 다 사랑하시고 구원하기를 원하신다. 인간적인 잣대로 누구는 구원을 받고 누구는 구원을 받지 못한다는 생각은 정말 위험하다.

오늘날 미국의 기독교주의, 인도의 민족주의, 이슬람의 무장단체(IS) 등은 상당히 위험한 원리주의 이념이다. 만일 예수가 유대교의 원리주의자였다면 오늘날 기독교는 세상에 없었을 것이다. 유대교와 기독교, 이슬람교, 힌두교, 불교, 유교 등 모든 종교의 특성은 존중하되, 원리주의와 인본주의, 혼합주의와 다원주의 등은 경계해야 한다. 그래서 시인이 말하였다. '주여! 주님이 지으신 모든 민족이 주님 앞에 와서 경배하며 주님의 이름을 찬양할 것입니다.'

16. 위인

예수는 자신이 하나님의 아들로서 신이라고 하였다. 어느 날 갑자기 나타나 그렇게 주장하고 다니자 종교 지도자들의 눈에는 정신병자나 사기꾼처럼 비치기에 충분하였다. 그러나 온갖 기적을 베풀고 수많은 무리가 따라다니자 점점 위기감을 느끼게 되었다. 그래서 공회를 소집하고 죽이기로 결의하였다. 사실 예수는 백성을 다스린 왕도 아니고 군대를 지휘한 장군도 아니었다. 책을 쓰지도 않고 법을 만들지도 않았다. 독립운동을 하지도 않고 군중을 선동하지도 않았다. 그저 3년 남짓 여기저기 돌아다니며 복음을 전하고 하나님의 말씀을 가르쳤을 뿐이다. 그리고 십자가에 달려 죽었다.

그러나 예수는 2,000년이 지난 지금까지도 여전히 세상의 중심에 서 있다. 그동안 숱한 위인들이 나타나 역사 속으로 사라졌으나 세상은 예수로 인해 기원이 바뀌게 되었으며, 예수는 인류 역사상 가장 큰 영향력을 끼친 인물이 되었다. 그래서 요한이 말하였다. '하나님이 아들을 세상에 보내신 것은, 세상을 심판하려는 게 아니라, 아들을 통해 세상을 구원하려는 것이다.'

17. 윤리 교사

예수가 누구냐고 묻는다면 많은 사람이 위대한 윤리 교사라고 대답할 것이다. 무신론자나 타 종교인도 마찬가지다. 미국의 제퍼슨 (Thomas Jefferson, 1743~1826)은 성경에서 예수의 신성에 대한 문구를 모두 제거하고 윤리와 도덕성에 관한 문구만 남겨두었다. 그가 위원으로 참여하여 작성한 독립선언문에 이런 글이 있다. '인간은 누구나 평등하게 창조되었으며, 아무도 빼앗을 수 없는 권리를 창조주로부터 받았다.'

예수의 산상수훈은 인류 최고의 윤리관으로 불린다. 오늘날 대부분의 평등사상이 여기서 나왔다고 해도 과언이 아니다. 인도의 간디(Mahatma Gandhi, 1869~1948)는 예수의 도덕성을 높이 평가하여 늘 성경책을 가지고 다니며 비폭력 무저항 운동을 전개하였다.

예수에 대해 부정적이고 회의론적인 역사학자들도 그의 윤리성에 결함이 있는지 면밀히 조사하였지만, 예수의 윤리적 순결에 놀라움을 금치 못하였다. 만일 예수가 자신의 유익을 위해 거짓말을 하였거나 사사로운 욕심에 사로잡혀 부정직하였다면, 어떻게 역사상 가장 순결하고 고귀한 이미지를 2,000년 이상 유지할 수 있겠는가? 그것은 불가능한 일이다. 그래서 히브리서 기자가 말하였다. '우리에게는 이렇듯 거룩하고 순결하며, 흠도 없고 죄도 없으며, 하늘보다 더 높으신 대제사장이 필요합니다.'

18. 장사꾼

예수는 자신을 위해 아무것도 추구하지 않았다. 일찍 아버지를 여의고 가업을 이어받아 가족을 부양하기 위해 열심히 일했을 뿐이다. 하지만 역사상 교회가 부패하지 않은 적은 한 번도 없었다. 특히 오늘날 교회는 사탄의 사주에 걸려들어 맘몬의 하수가 되었는바, 그야말로 심각한 난치병을 앓고 있다. 발람의 꾐에 빠진 종교 장사꾼들에 의해 재물을 숭배하고 있다는 말이다. 이제는 만성질환이 되어 아무도 고칠 엄두를 못 내고 있다.

예수는 무슨 장사를 하거나 돈을 벌지 않았다. 수많은 장애인과 허다한 고질병을 다 고쳐주었으나 일 원 한 푼 사례도 받지 않았다. 예배를 드리거나 기도를 하고도 헌금을 요구하지 않았다. 오히려 성전 뜰에 가득한 가축들을 다 몰아내고 환전상의 돈을 쓸어버리며 그 상을 둘러엎었다. '내 집은 만민이 기도하는 집이다. 장사꾼들의 시장터로 만들지 마라!'

하지만 요즘 목회자는 무슨 집회나 행사를 하면서 으레 장사꾼을 끌고 다니거나 돈을 받는다. 안수기도라는 미끼로 공공연히 2개의 봉투를 요구하기도 한다. 하나는 헌금이고 하나는 사례금이다. 참으로 기가 막히고 통탄할 노릇이다. 이들은 하나님을 동업자로 알고 예수를 동무 장사꾼으로 여긴다. 그들은 무슨 일이 있을 때마다 교인을 찾아가 예배와 기도를 드려준다는 핑계로 은연중 돈을 요구한다. 그리고 은퇴할 때가 되면 재단이나 학교 등 이상한 법인을 만들고, 무슨 큰 사회사업이나 공익사업을 하는 양 흉내를 내다가, 결국은 사유화하여 자식에게 물려준다. 주님이 보시면 기절초풍할 일들이 아무렇지도 않게 공공연히 일어나고 있다.

이렇듯 오늘날 교회에도 예수를 십자가에 못 박는 안나스와 가야바 같은 종교 장사꾼이 판을 치고 있다. 이들은 인류 최고의 박애주의자요, 인권운동가요, 자선가인 예수를 현저히 욕보이고 있다. 그래서 예레미야가 하나님의 말씀을 전하였다. '너희 눈에는 나의 성전이 도둑의 소굴로 보이느냐? 나는 너희가 행하는 일을 다 지켜보았다.'

19. 철학자

예수는 정신 지도자의 관점에 따라 소크라테스 이상의 대철학자요, 역사상 전무후무한 신학자로서 조금도 손색이 없다. 인생의 근본적인 문제, 즉 불확실한 미래에 대한 우려와 불투명한 사후의 세계에 대한 불안까지 모두 해소하였기 때문이다.

어느 날 예수가 제자들에게 물었다. '사람들이 인자를 누구라고 하더냐?'

제자들이 대답하였다. '더러는 세례 요한, 더러는 엘리야, 더러는 다른 예언자 가운데 하나라고 합니다.'

예수가 다시 물었다. '그러면 너희는 나를 누구라고 생각하느냐?'

베드로가 대뜸 대답하였다. '주님은 그리스도십니다.'

예수는 인간의 내면적이고 원초적인 문제, 나아가 형이상학적인 문제까지 모두 해결한 구원자로서 인간을 창조한 하나님의 아들이었다. 그래서 아무도 피할 수 없는 치명적 문제, 즉 사망의 권세를 깨뜨리고 부활함으로써 그 실체를 확실히 보여주었다. 그러므로 예수의 죽음은 창조주의 죽음으로서 모든 피조물을 포함하였는바, 그때 모든 사람이 예수와 함께 죽었던 것이다. 그래서 바울이 말하였다. '내가 그리스도와 함께 십자가에 못 박혀 죽었습니다. 그런즉 이제는 내가 산 것이 아니요, 내 안에 그리스도께서 사신 것입니다.'

20. 평화주의자

예수는 평화가 아니라 검을 주려고 왔으며, 사람의 원수가 자기 집안의 식구가 될 것이라고 하였다. 그리고 각자 자신의 십자가를 지라고 하였다. 개혁을 위한 진통이 심각할 것인바, 신앙적 무장을 단단히 하라는 뜻이다. 궁극적 평화를 이루기 위해 일시적 평화가 잠시 깨어질 수 있다는 점을 강조한 말이다. 예수는 부활 후 제자들에게 자신의 평화를 준다고 하였으며, 이 평화는 세상이 주는 평화와 다르다고 하였다. 세상의 평화는 일시적이고 불완전하지만, 주님의 평화는 항구적이고 완전하기 때문이다. 따라서 주님의 평화는 근본적이고 본질적인 내면세계의 자유와 기쁨을 준다. 그래서 바울은 항상 이렇게 인사하였다. '평화의 주님이 언제 어디서나 어떠한 방법으로든지, 친히 여러분에게 평화를 주시기를 빕니다.'

제3편
선교를 위하여

✝

21. 교주

예수는 특정 종교를 만들 의향이 전혀 없었다. 하지만 예수에 의해 교회가 세워지고 기독교가 창립된 것은 부인할 수 없다. 기독교는 역사적 산물로서 90년 얌니아 회의를 계기로 자연스럽게 태어났다. 유대교 공동체에서 쫓겨난 개혁파 성도들이 따로 모여 예배를 드림으로써 예수 공동체가 생겼기 때문이다. 당시 공동체는 종교가 아니라 생활의 터전이고 삶의 전부였다.

교주는 사이비 종교의 창시자나 지도자를 일컫는 말이다. 정식으로 공인된 종교에서는 교주라는 말을 쓰지 않는다. 다만 그 종교를 대표하는 상징적 인물은 있을 수 있다. 천주교의 교황, 정교회의 총대주교, 성공회의 관구장, 구세군의 총사령관, 감리교의 감독, 기타 교단별 총회장이다. 타 종교에도 이슬람교의 칼리프, 천도교의 교령, 대종교의 총전교, 원불교의 종법사, 티베트 불교의 달라이 라마 등이 있다. 이는 모두 직제상의 직책일 뿐이다.

22. 기독교 창시자

예수는 기독교를 창설할 생각이 조금도 없었다. 30년경 오순절을 맞아 120명의 성도가 마가의 다락방에 모여 기도하고 있었다. 그때 강림한 보혜사 성령에 의해 담대함을 얻은 제자들이 사방으로 나가 복음을 전하였다. 그래서 예수의 말대로 예루살렘과 온 유대와 사마리아와 땅끝까지 복음이 전파되었다.

그리고 90년경 유대교에서 출교당한 제자들이 따로 모여 예배를 드리기 시작하였으며, 313년 콘스탄티누스 대제의 밀라노 칙령으로 기독교가 정식으로 공인되었다. 1054년 동방교회와 서방교회가 분열되었고, 1517년 종교개혁으로 서방교회에서 개신교가 분파되었다. 그래서 예수가 기도하였다. '아버지, 그들을 모두 하나 되게 하십시오. 아버지께서 내 안에 계시고 내가 아버지 안에 있는 것처럼, 그들도 우리 안에 있게 하십시오. 그러면 아버지께서 나를 보내셨다는 사실을 세상이 믿게 될 것입니다.'

23. 독신자

예수는 유대의 관습에 따라 머리털과 수염을 기른 독신자였다. 얼마 전 『예수의 아내』라는 파피루스가 발견되어 세상을 떠들썩하게 하였으나 조작된 문서로 밝혀졌다. 그 어디에서도 예수가 결혼하였다는 기록은 없다. 그러나 여전히 일부에서는 예수가 결혼하였을 가능성을 제기하고 있다. 어떤 사람은 예수의 아내가 막달라 마리아이며, 지금도 그 후손이 프랑스 어디에서 살고 있다고 한다. 가장 가까운 아내나

가족만이 할 수 있는 역할을 마리아가 자주 하였다는 사실에 근거하고 있다.

막달라 마리아는 발가벗겨진 알몸 상태로 십자가에 달린 예수를 그 어머니와 함께 바라보았고, 아리마대 요셉과 니고데모가 예수의 장례를 치르는 모습도 지켜보았다. 비싼 향료를 미리 준비하여 두었다가 안식일이 끝나자 바로 예수의 무덤을 찾아갔으며, 빈 무덤을 발견하고 다급히 제자들에게 달려가 그 사실을 알렸으며, 부활한 예수를 가장 먼저 만나 포옹하려고 하였다. 도마복음에서는 예수가 마리아와 자주 입을 맞추었다는 기록도 나온다.

단순히 이런 정황으로 보면 마리아가 예수의 아내라는 오해를 받을 만도 하지만, 예수와 지극한 친밀감 때문에 빚어진 오해라고 여겨진다. 마리아는 끝까지 예수를 따라다니며 가장 가까이서 시중을 들었다. 예수를 지근에서 보필한 여비서쯤으로 이해하면 될 것이다. 그래서 예수가 말하였다. '이 여자는 내 장례를 위하여 미리 내 몸에 향유를 부었다. 자신이 할 일을 다 한 것이다.'

24. 목자

예수는 자신을 선한 목자라고 비유하였으나 실제로 양을 키웠다는 기록은 없다. 목자는 양을 푸른 초원과 안전한 물가로 인도한다. 양에게 위험이 닥칠 때는 자기 목숨을 돌보지 않고 구하고 본다. 그래서 양은 목자를 전적으로 믿고 의지하며 따라간다. 여기서 예수는 목자 같은 심정으로 길 잃은 양 같은 사람들을 영원한 생명으로 이끌어준다는 뜻에서 비유로 말하였다. 실제로 예수는 목자가 자기 양을 위해 목숨을 바치듯, 죄인을 위해 십자가에 달려 자기 목숨을 바쳤다. 그래서 이사야가 전하였다. '우리는 다 길 잃은 양처럼 제각기 잘못된 길로 갔으나, 여호와께서는 우리 모든 사람의 죄를 그에게 담당시키셨다.'

25. 성령

예수는 본질상 성령과 똑같은 분이다. 성령은 하나님의 영이요, 예수의 영이요, 진리의 영이다. 예수가 승천하기 전에 약속한 보혜사 성령이 오순절을 맞아 마가의 다락방에 강림하였다. 그 성령을 받은 제자들이 사방으로 흩어져 주님의 증인이 되었고, 성령은 그들이 전하는 복음을 확증시켜 주었다. 이렇듯 성령은 항상 예수를 구세주로 증언하며 지금도 성도들과 함께하신다. 그래서 바울이 말하였다. '하나님의 성령을 근심시키지 마십시오. 성령은 우리의 구원을 보증하시는 분입니다.'

26. 어부

예수는 고기잡이에 탁월한 감각과 능력을 가지고 있었다. 하지만 어부로서 직접 일하지는 않았다. 제자들에게 그물을 배 오른편에 던지라고 하여 큰 물고기 153마리를 잡았으며, 베드로에게 낚시를 던지라고 하여 그 잡은 고기의 입에서 세금을 마련하기도 하였다. 예수는 물속의 고기 떼가 어디에 얼마나 있는지도 다 아는 최고의 어부였다. 그리고 사람 낚는 어부로서 제자들을 양성하였다. 그래서 예수가 말하

였다. '나를 따라오너라. 내가 너희를 사람 낚는 어부로 만들겠다.'

27. 에세네파

예수는 어느 종파에도 속하지 않고 독자적인 길을 걸었다. 에세네파는 유대교의 한 종파로 사해 주변의 쿰란에서 공동체 생활을 하였다. 신비적 금욕주의를 내세우며 장로의 지도 아래 카타콤(Catacombs, 지하 공동묘지)에서 은둔 생활을 하였다. 그들의 가르침은 예수의 산상수훈과 매우 비슷하였다. 그래서 예수는 바리새파와 사두개파와 헤롯당 등의 미움을 받았다. 그러나 예수가 에세네파에 속했다고 단언할수는 없다. 그들의 금욕주의와 경건주의 등이 예수의 가르침과 많이 달랐기 때문이다. 예수는 그들로 인해 가끔씩 핀잔을 받기도 하였다. '요한의 제자들과 바리새인의 제자들은 자주 금식하는데, 선생님의 제자들은 왜 금식하지 않습니까?'

1947년 쿰란 지구의 동굴에서 발견된 사해문서 어디에서도 예수와 직접 관련된 글은 발견되지 않았다. 따라서 예수는 에세네파와 잠시 교류했을 가능성은 있지만, 역사적으로 에세네파라는 증거는 없다. 사해문서에서 예수의 가르침과 비슷한 내용도 나오지만, 거기서 언급된 지도자가 예수라고 믿을 만한 물증도 없다. 그래서 로마의 유대인들이 바울에게 반문하였다. '우리가 알기로 당신의 종파가 어디서나 배척을 받고 있다는 것입니다. 여기에 대하여 어떻게 생각하십니까?'

28. 예언자

예수는 역사상 마지막 대제사장이요, 예언자요, 왕이었다. 모세와 엘리야, 다윗보다 훨씬 크고 위대한 지도자였다. 예수는 하나님의 어린 양으로 친히 제물이 되었으며, 마지막 대제사장으로 직접 제사를 주관하였고, 최후의 예언자로서 인류의 구원을 선포하였다. 그래서 예수는 예언자가 예루살렘 밖에서는 죽을 수 없다고 하였다.

그리고 예수는, 세례 요한이 교도소에서 자기 제자들을 보냈을 때, 여인이 낳은 사람 중에 요한보다 더 큰 인물은 없다고 하였으며, 아울러 하나님의 나라에서는 가장 작은 사람도 요한보다 더 크다고 하였다. 모든 예언의 말씀과 예언자가 세례 요한으로 마감되었음을 말한다. 그래서 요한이 말하였다. '나는 이 책에 쓰인 예언의 말씀을 듣는 모든 사람에게 경고합니다. 누구든지 이 예언의 말씀에 무엇을 더하면, 하나님이 이 책에 기록된 재앙을 그에게 더하실 것입니다. 또 누구든지 이 예언의 말씀에서 무엇을 빼면, 하나님이 이 책에 기록된 생명나무와 거룩한 성에 참여하는 특권을 그에게서 빼앗아버리실 것입니다.'

29. 종교 지도자

예수는 자신을 종교 지도자라고 언급한 적이 없다. 정치에 끼어들거나 개혁을 위해 새로운 교리를 만들지도 않았고, 무슨 슬로건을 내걸지도 않았다. 그 어떤 일도 일방적으로 몰아붙이지 않고, 설교와 교훈, 병 치료, 귀신 축사 등도 아주 자유로운 분위기 속에서 필요에 따라 수행하였다. 예수를 다른 종교 지도자들과 비교해 보면 확연히 차이가 있다. 무슨 의식이나 절차, 전통 등을 중요하게 여기지도 않았고, 그저 평범한 일상생활 가운데 하나님의 말씀을 가르치며, 내게 와서 보고 배우라고 하였다. 그러나 예수가 십자가에 달릴 때 제자들은 모두 도망을 갔고, 수제자 베드로는 3번이나 스승을 모른다고 부인하였다.

그리고 예수는 종교 지도자가 되려고 무슨 업적을 쌓거나 필요한 활동을 하지 않았다. 기독교라는 새로운 종교를 만들 생각은 추호도 없었다. 기독교는 시대적 상황에 따라 불가피하게 발생한 역사적 산물일 뿐이다. 실로 예수는 타락한 유대교를 개혁하여 바로 세우려고 자신의 목숨까지 기꺼이 바칠 각오를 하였다. 그래서 예수가 십자가를 목전에 두고 말하였다. '예루살렘아, 예루살렘아! 너는 네게 보낸 예언자들을 죽이고 돌로 치는구나! 암탉이 병아리를 날개 아래 품듯이, 내가 몇 번이나 네 자녀들을 모아 품으려고 하였더냐? 그러나 너희는 원하지 않았다.'

30. 종말론자

예수는 시한부 종말론에 대해 자주 언급하였다. 때가 차서 하나님의 나라가 가까이 왔으니 회개하고 복음을 믿으라 하였으며, 이 세대가 지나가기 전에 인자가 구름을 타고 다시 온다고 하였다. 또 제자들을 파송하면서 이스라엘 동네를 다 돌기 전에 이 일이 일어날 것이며, 그들 가운데 죽지 않고 하나님의 나라가 임하는 것을 볼 사람도 있다고 하였다. 하지만 그때와 시기는 아무도 모르고 아버지만 안다고 하였다.

바울도 임박한 재난을 경고하면서 세상 풍조에 물들지 않도록 조심하라고 하였으며, 그리스도 안에서 죽은 사람이 먼저 부활하여 살아있는 성도들과 구름 속으로 이끌려 올라가 주님을 영접할 것이라고 하였다. 그러나 그들이 기대한 그런 종말은 일어나지 않았다. 역사적으로 70년 성전이 파괴되면서 예루살렘에 엄청난 재난이 닥쳤을 뿐이다.

그러자 어떤 사람은 예수가 말한 시한부 종말론은 실패로 끝났으며, 제자들이 나중에 말을 바꿨다고 주장한다. 다름 아닌 주님의 시간은 하루가 천년 같고 천년이 하루 같다는 시편의 말씀을 인용하여, 주님의 약속이 더딘 것이 아니라 죄인의 구원을 위해 오래 참는다는 것이었다. 하지만 예수는 천국 복음이 온 세상에 전파되고, 모든 민족에게 밝히 드러나야 한다면서 제자들에게 당부하였다. '내가 너희에게 분부한 모든 것을 그들에게 가르쳐 지키게 하라. 보라, 내가 세상 끝날까지 항상 너희와 함께 있을 것이다.'

제4편
의료를 위하여

✝

31. 금욕주의자

예수는 공생애를 앞두고 광야로 나가 40일간 금식하며 기도하였다. 하지만 제자들에게 금식을 하라고 권하지 않았다. 식사할 겨를도 없이 바쁜 일정을 보냈으나 때때로 한적한 곳을 찾아가 기도하였다. 그러나 제자들에게 일정한 시간을 정하여 기도하라거나 무슨 의식을 치르라고 하지 않았다. 바리새파와 사두개파의 위선적 행위를 심하게 나무라며 책망도 하였으나 그들의 권세에 복종하라고 가르쳤으며, 열심당원을 제자로두었으나 독립운동을 하지 않았다. 적대자들이 먹기를 탐하고 마시기를 즐기는 죄인의 친구라고 놀렸으나 그런 말에 크게 개의치 않았다.

여자를 보고 음욕을 품는 자는 이미 마음으로 그 여자를 범했다고 하였으며, 음행한 경우를 제외하고 아내를 버리는 자는 그 아내를 간음하게 하는 것이요, 그렇게 버림받은 여자와 결혼하는 자도 간음하게 만드는 것이라고 하였다. 또 간음하다 현장에서 붙잡힌 여인을 두고 죄 없는 자가 먼저 돌로 치라고 하였으며, 자신도 그 여인을 정죄하지 않았다.

예수는 보통 사람과 똑같은 평범한 생활을 하였으며, 특이한 금욕주의를 주장하지도 않고 쾌락주의를 추구하지도 않았다. 묵묵히 하나님의 사랑을 드러내며 자기에게 주어진 구원의 사명을 수행하였다. 그래서 바울이 말하였다. '이런 규정은 제멋대로 만든 종교적 경건과 거짓된 겸손과 부질없는 금욕주의 따위로, 자기 몸을 괴롭히는 데는 현명한 것처럼 보이지만, 육체의 정욕을 제어하는 데는 아무 효과가 없습니다.'

32. 급진주의자

예수는 가끔씩 급진적 가르침으로 주변 사람들을 깜짝 놀라게 하였다. 십계명을 하나님을 사랑하고 이웃을 사랑하라는 큰 계명으로 설명하였고, 서로 사랑하라는 새 계명으로 승화시켰다. 산상수훈으로 최고의 윤리와 도덕성도 강조한바, 가난한 자와 슬퍼하는 자가 복이 있으며, 모욕을 당하고 박해를 받으며 온갖 거짓말로 비난을 받는 자가 복이 있다고 하였다. 원수를 사랑하고 자기를 핍박하는 자를 위해 기도하라고 하였으며, 자기를 부인하고 자신의 십자가를 지라고 하였다.

더욱이 예수가 자기 살을 먹고 피를 마셔야 영생을 얻는다고 주장하였는바, 정말 급진주의자로 비치기에 충분하였다. 예수는 육체 안에 살았으나 육신에 따르지 않았으며, 정치, 경제, 사회, 문화 등의 현실적 문제보다는 내적 자유와 정신적 평화에 더 관심을 두었다. 그리고 항상 복음적이고 개방적이며, 진보적이고 비폭력적인 입장을 견지하였다. 수구적인 사두개파나 보수적인 바리새파와는 거리가 멀었다. 그래서 예수가 말하였다. '나는 너희에게 평화를 주고 간다. 내 평화를 너희에게 주는 것이다. 내가 주는 평화는 세상이 주는 평화와 다르다.'

33. 민족주의자

예수는 유대인 우월주의나 민족주의에 결코 동의하지 않았다. 나라와 민족, 종파와 교리, 문화와 사상, 진보와 보수, 남성과 여성, 부자와 빈자, 강자와 약자, 의인과 죄인 등을 인권적 차원에서 바라보았으며, 그 어떠한 차별도 용납하지 않았다.

어느 날 예수가 시리아 지방 페니키아 마을을 방문하였다. 그때 귀신 들린 딸을 둔 여인이 찾아와 도와주기를 간청하였다. 그러자 자녀의 떡을 취하여 강아지에게 주는 것이 합당치 않다고 일언지하에 거절하였다. 이를 두고 유대인 예수가 자기 민족만 생각하는 종족주의자가 아니냐 하는 의심을 품는 사람도 있다. 하지만 그때 상황을 자세히 살펴보면, 예수가 민족주의자로서 그렇게 말한 것이 아니라, 그 여인의 믿음을 테스트한 것임을 금방 알 수 있다.

사실 예수는 다윗의 자손으로 태어나 동족인 유대인을 지극히 사랑하였다. 기득권에 사로잡힌 유대 지도자들을 향해 기탄없이 책망하고 지옥의 심판을 피할 수 없다고 저주까지 하였지만, 그들을 먼저 구원하려고 부단히 애를 썼다. 하지만 그들은 끝내 예수의 애틋한 사랑을 거절하였다.

우리는 교파와 교권을 멀리하고 민족주의를 배격해야 한다. 하지만 한반도와 7,700만 민족을 먼저 사랑해야 한다. 그리고 다른 종족에게 복음을 전하고 주님의 사랑을 실천해도 늦지 않다. 해외 선교에 앞서 민족 복음화에 우선적으로 관심을 두어야 한다는 말이다. 이는 무슨 이념이나 사상이 아니라 상식이고 원칙이다. 그래서 바울이 말하였다. '누구든지 자기 친척, 특히 가족을 돌보지 않는 사람은 믿음을 저버린 자요, 불신자보다 더 악한 자입니다.'

34. 실존자

　예수는 2,000년 전 유대에서 태어난 역사적 인물이다. 오늘날 고고학의 발달과 유대 역사가 등의 기록을 통해 예수의 실존에 대한 궁금증은 거의 해소되었다. 하지만 여전히 성경에 나타난 예수에 대하여 의심의 눈초리로 바라보는 사람도 있다. 예수의 활동 무대가 팔레스타인이라는 제한된 지역으로서, 70년 성전이 파괴되면서 거의 모든 자료가 소실되었기 때문이다.

　유대 역사가 요세푸스(Flavius Josephus, 37~100)는 자기 저서 『고대사』에서 야고보를 예수의 동생으로 언급하며 이렇게 기록하였다. '예수라는 지혜로운 사람이 있었다. 그의 행위는 선하고 인품은 고결하였다. 많은 유대인과 외국인이 그의 제자가 되었으나 결국은 빌라도가 십자가형을 선고하여 죽였다. 하지만 그의 제자들은 신의를 저버리지 않고 끝까지 따랐으며, 그는 십자가에 달려 죽은 지 3일 만에 부활하여 제자들에게 나타났다.'

　그리스 작가 루시안(Lucian of Samosata, 110~180)도 의미심장한 기록을 남겼다. '많은 사람이 예수를 따랐다. 예수는 그들에게 새로운 가르침을 소개하고 그들을 구원하기 위해 십자가에 달려 죽었다. 예수는 형제애를 강조하였고, 그들은 예수의 규율을 따르며 영원히 산다고 믿었다. 그들의 특징은 죽음도 두려워하지 않는 자발적 헌신과 무소유 정신이었다.'

　그리고 동시대에 기록된 경외 복음서, 곧 진리복음과 도마복음 등에서도 역사적 예수에 대하여 많이 언급하고 있다. 성경은 물론 비기독교적 역사서에도 예수에 대한 여러 기록이 있다. 그럼에도 역사적 예수를 부인하는 이유는, 성경이나 고증 자료 등을 통해 자세히 살펴

제 1 권 예수는 누구인가?

보지도 않고, 자신의 고정관념에 따라 스스로 속고 있기 때문이다. 12사도를 비롯하여 수많은 제자들이 예수 그리스도의 복음을 전하려고 자신의 목숨을 초개와 같이 버렸다. 허구의 인물을 위해 순교할 사람은 세상에 아무도 없다. 그래서 예수가 도마에게 말하였다. '너는 나를 본 고로 믿느냐? 보지 않고 믿는 사람이 더 복이 있다.'

35. 의사

예수는 모든 환자의 질병을 다 고쳐준 인류 역사상 가장 위대한 의사였다. 시각 장애인이 보고, 청각 장애인이 듣고, 언어 장애인이 말하고, 지체 장애인이 걷고, 지적 장애인이 온전해지고, 나환자가 깨끗해지고, 죽은 사람이 다시 살아났다. 의사는 몸이 아프거나 마음이 상한 사람에게 꼭 필요하다. 그래서 예수는 선천적이고 후천적인 장애인은 물론, 심신이 병들고 나약한 사람까지 모두 고쳐주며 말하였다. '건강한 사람에게는 의사가 필요치 않으나, 병든 사람에게는 꼭 필요하다.'

여기서 우리는 섬김과 돌봄의 정신을 배우고 실천해야 한다. 부자는 부자대로, 빈자는 빈자대로 모두 불우한 이웃의 친구가 되어야 한다. 가난하고 병든 사람과 함께하는 예수를 바라보고 따라가야 한다. 그때 비로소 작은 예수로서 사회적 정의를 바로 세우며 공동체적 의료와 봉사에 참여하게 된다. 그래서 이사야가 말하였다. '그에게는 고운 모양도 없고 훌륭한 풍채도 없었다. 우리가 보기에 흠모할 만한 아름다운 모습도 없었다. 그는 사람들에게 멸시와 천대를 받고 슬픔과 고통을 많이 겪었다. 그는 언제나 병을 앓고 있었으며, 사람들이 그에게서 얼굴을 돌렸다. 그가 멸시를 받자 우리도 덩달아 그를 귀하게 여기

지 않았다.'

36. 인간

예수는 평범하게 태어나 어머니의 양육을 받으며 자라났다. 여느 아이와 조금도 다를 바 없이 모유를 먹으며 무럭무럭 성장하였다. 일찍이 가업을 이어받아 석공으로 일하며 어머니와 동생들을 부양하였다. 그리고 30세에 세례를 받고 공생애를 시작하였다. 하지만 3년 남짓한 사역을 마치고 십자가에 달려 죽을 수밖에 없었다. 하나님의 절대적인 의를 이루고, 인류의 죗값을 대신 치를 유일한 방법이었기 때문이다. 이는 만유를 포함한 사건으로서, 이제 예수를 믿고 받아들이는 사람은 누구나 구원을 얻는다. 예수는 원죄 없는 유일한 인간으로서, 하나님의 속죄양이 되어 죽기 위해 세상에 태어났다. 그래서 요한이 말하였다. '하나님의 영인 성령을 알아보는 방법은 이렇습니다. 예수 그리스도가 인간으로 오신 것을 인정하는 사람은 모두 하나님의 영을 받은 것입니다.'

37. 작은 자

예수는 엄밀히 말해서 철학자도 아니고 신학자도 아니다. 율법학자나 제사장도 아니다. 사람들을 끌어모아 세력을 키우지도 않았고, 식민지 국가의 독립을 위해 무슨 운동도 펼치지 않았다. 어떤 공직을 맡거나 책도 쓰지 않았으며, 그 흔한 초상화조차도 남기지 않았다. 그저 나사렛 출신의 가난한 석공으로 열심히 일하다가 30세에 떠돌이 설교자가 되었으며, 이스라엘 땅을 3년 반쯤 순회하며 사람들을 가르쳤을 뿐이다. 그리고 예수는 창녀와 세리 같은 죄인들의 친구로서, 나환자와 장애인, 심신이 약하고 병든 사람들을 고쳐주었다. 이들은 모두 사회적 약자로서 그들을 통해 얻을 유익은 아무것도 없었다. 그래서 예수가 말하였다. '여기 있는 내 형제와 자매 가운데 지극히 작은 자 하나에게 한 것이 곧 내게 한 것이다.'

38. 장수자

예수는 30세에 사역을 시작하여 3년 남짓 수행하고 33세에 십자가에 달려 죽었다. 4복음서에 유월절로 짐작되는 명절이 서너 차례 나오기 때문이다. 아무리 넉넉하게 잡아도 50세는 되지 않았다. 그래서 사람들이 예수에게 따지고 들었다. '당신의 나이가 아직 50살도 안 되었지 않소? 그런데 우리 조상 아브라함을 보았다는 말이오?'

39. 정신병자

예수는 자기 목숨을 버릴 수도 있고 얻을 수도 있으며, 그 권세를 아버지로부터 받았다고 하였다. 그러자 사람들이 귀신 들려 미쳤다고 하였다. 하지만 예수는 지극히 정상적인 사람이었고, 그들의 시기와 불신앙으로 그렇게 말했던 것이다.

독일의 슈바이처(Albert Schweitzer, 1875~1965) 박사는 예수가 죽음

을 목전에 두고 제정신이 아니었을지도 모른다는 가능성을 제기하였다. 예수가 자신을 신으로 생각하며 메시아인양 스스로 속았다는 것이다. 영국의 루이스(Clive Staples Lewis, 1898~1963) 교수도 처음에는 슈바이처와 비슷한 생각을 하였다. '만일 예수의 주장이 거짓이라면 그는 미치광이일 수밖에 없다. 위대한 스승은커녕 정신병자나 지옥의 악마일 것이다.' 하지만 예수에 대하여 자세히 살펴보고 지극히 정상적인 사람이라는 결론을 내렸다.

프랑스 철학자 루소(Jean Jacques Rousseau, 1712~1778)는 예수의 우월한 성격과 심리 상태를 살펴보고 이렇게 말하였다. '소크라테스의 삶과 죽음은 사회적 정의를 위한 철학자의 몫이었고, 예수의 삶과 죽음은 인류의 구원을 위한 신의 것이었다.' 그래서 일찍이 이사야가 말하였다. '그는 온갖 굴욕을 받으면서도 입 한번 열지 않고 꾹 참았다. 도살장으로 끌려가는 어린 양처럼, 가만히 서서 털을 깎이는 어미 양처럼 결코 입을 열지 않았다.'

40. 정치꾼

예수는 12사도를 세우고 조직은 구성하였으나 그들을 위한 정치는 하지 않았다. 유다가 배신할 것을 미리 알고 경고도 하였으나 강제로 막지는 않았다. 오히려 제자들의 발을 씻기며 섬김의 본을 보여주었다. 정치는 정치꾼을 위한 것이 아니라 조직 구성원을 위한 것이다. 그런데 오늘날 교회는 보수와 진보로 편을 가르고, 심지어 세상 정치까지 간여하고 있다. 타락한 종교인일수록 정치를 좋아하고 부질없는 권세를 누리려 한다. 중세 교회가 그렇게 하다가 모두 망한 것을 반면교

사로 삼아야 한다.

정치꾼의 타락은 이스라엘 역사를 살펴보아도 여실히 드러나고 있다. 모세와 여호수아에 의한 신정시대에 이어서 사사시대가 끝나고 왕조시대가 시작된다. 사실 그때부터 심각한 타락상을 보이며 하나님의 진노가 계속되었다. 엘리 제사장과 사무엘 아들들의 타락으로 왕이 요구되기는 하였으나, 그것은 정치가 아니라 성직 세습으로 인한 피로감 때문이었다. 따라서 역사상 실제의 정치는 사울의 등장으로 시작되었고, 그의 불순종으로 처음부터 삐거덕거리기 시작하였다. 어렵사리 다윗이 새로운 왕으로 등극하지만 간음과 살인, 배신 등이 끊이질 않고 일어났다. 그러다가 솔로몬 사후에 나라가 분열되더니, 결국은 하나님의 심판을 받고 모두 멸망하고 말았다.

신약시대에 들어와서도 사두개파의 제사장들이 정치를 하다가 심각하게 타락하였고, 바리새파의 장로들도 백성 위에 군림하면서 오만하기는 마찬가지였다. 그들은 정치를 하다가 믿음을 저버리고 결국은 역사의 무대에서 모두 사라지고 말았다. 정치꾼만큼 예수의 책망을 많이 받은 사람들도 없다. 그래서 예수가 그들을 향하여 소리쳤다. '뱀 같은 자식들아! 독사의 새끼들아! 너희가 그렇게 악하니 어찌 선한 말을 하겠으며, 어찌 지옥의 심판을 피하겠느냐?'

제5편
구원을 위하여

41. 그리스도

예수는 4,000년 동안 여러 선지자에 의해 예언된 그리스도로, 2,000년 전 세상에 와서 33년간 사역하고 다시 하늘로 올라갔다. 그리스도는 '기름 부음 받은 자'라는 뜻의 '메시아'로, 당시 왕과 제사장과 예언자에게 기름을 부었다. 예수는 만왕의 왕으로, 마지막 대제사장과 예언자로 세상을 구원하려고 왔다. 그래서 이사야는 예수를 다스리는 자와 평화의 왕으로 묘사하였다. 이사야는 BC 8세기 예언자로 예수가 태어나기 700년 전의 사람이다.

사실 예수는 그리스도로서 스스로 십자가에 달려 죽었다. 온 세상의 죗값을 대신 치르기 위해 모든 피를 흘리고 죽을 수밖에 없었다. 이는 구원자로서 필수불가결 요건인바, 하나님의 절대적 공의에 따른 일이었다. 소크라테스가 사회의 정의를 실현하기 위해 스스로 독배를 마신 것처럼, 예수도 세상의 구원을 위해 스스로 십자가에 달린 것이다. 그래서 예수는 '내가 곧 길이요 진리요 생명이니, 나를 통하지 않고는 아무도 아버지께 갈 수 없다'고 하였으며, 바울도 '내가 그리스도와 함께 십자가에 못 박혀 죽었나니, 그런즉 이제는 내가 산 것이 아니요, 오직 내 안에 그리스도께서 사신 것이라'고 하였다.

42. 대속자

예수는 자신의 피로 온 세상의 죄를 단번에 대속하였다. 죄인을 대신하여 예수가 십자가에 달려 죽었다는 뜻이다. 예수가 속전을 지급함으로써 모든 사람의 죄를 속량한 것이다. 1만 달란트 빚진 종도 무조건 탕감을 받았다. 그런데 이것이 현실적으로 잘 다가오지 않는다. 예수를 대속자로 온전히 받아들이지 않았다는 증거다. 우리의 믿음이 성장함과 아울러 어느 정도 죄책감에서 벗어나긴 하였으나 그래도 뭔가 여전히 찜찜하다. 우리가 예수를 인격적으로 영접하지 않았기 때문이다. 그래서 바울이 말하였다. '나는 그리스도와 함께 십자가에 못 박혔습니다. 이제 살고 있는 것은 내가 아닙니다. 그리스도가 내 안에서 살고 계십니다.'

예수는 우리의 죗값만이 아니라 몸값까지 일시불로 지급하였다. 우리를 하나님의 자녀로 만들어 모든 것을 회복시켜 주었다. 그래서 이사야가 말하였다. '그가 찔림은 우리의 허물을 인함이요, 그가 상함은 우리의 죄악을 인함이다. 그가 징계를 받음으로 우리가 평화를 누리고, 그가 채찍에 맞음으로 우리가 나음을 입었다.' 그러므로 대속은 하나님의 아들이 창조주로서 피조물을 대신하여 죽었는바, 죗값에 따른 징벌의 심판이 면제되었다는 말이다. 이제 우리의 소유권은 하나님께 있으니, 우리의 몸으로 하나님의 나라와 그 의와 영광을 드러내어야 한다.

이처럼 예수의 대속이 만유를 포함하였음에도 끝내 구원자를 받아들이지 않고 거역한다면, 불가불 구원의 대열에서 이탈할 것이다. 미처 예수를 모르고 죽은 자들은 그나마 양심의 법에 따라 심판을 받겠지만, 고의로 구원자를 거절하고 외면한 자들은 지상 최고의 선물을 받지 않은 고로 크게 후회할 것이다. 그래서 성경은 모든 사람에게 구원을 주시는 하나님의 은혜가 나타났으며, 이 세상의 모든 악에서 우리를 구원하려고 예수 그리스도가 자기 몸을 바쳤다고 선포한다.

43. 부활자

예수가 죽음에서 부활했다는 역사적 증거와 증인들은 무수히 많다. 평소 이기적이고 소극적이던 제자들이 부활한 예수를 목격하고 죽음도 불사하는 담대한 전도자가 되었다. 박해자 바울이 다마스쿠스 도상에서 부활한 예수를 만남으로써, 극적인 변화를 받아 역사상 최고의 선교사가 되었다. 그리고 여인들이 목격한 빈 무덤, 부활한 예수를 직접 만나 대화를 나눈 12제자, 승천하는 모습을 지켜본 500여 형제가 있다. 그래서 예수가 말하였다. '나는 부활이요, 생명이다. 나를 믿는 사람은 죽어도 살고, 살아서 믿는 사람은 영원히 죽지 않을 것이다.'

44. 성자

예수는 자신이 하나님의 아들로서 세상을 구원하려고 왔다는 사실을 줄곧 밝혀왔다. 구원은 세상을 지으신 하나님의 일로서 하나님의 아들만이 할 수 있었다. 예수를 본 사람은 하나님을 본 것이나 다름이 없었고, 예수가 땅에서 죄를 용서하는 권세가 있음도 드러내었다. 그래서 요한이 말하였다. '아들이 있는 자에게는 생명이 있고, 하나님의 아들이 없는 자에게는 생명이 없습니다.'

45. 신

예수는 물론 제자들도 거리낌 없이 예수의 신성을 인정하고 고백하였다. 예수는 33년간의 사역을 통해 죄인을 용서하고, 물로 포도주를 만들고, 오병이어와 수상 도보 같은 기적을 행하고, 온갖 병자를 고치고, 심지어 죽은 사람까지 살림으로써 사망의 권세를 무력화시켰다. 그리고 친히 죽음에서 부활하여 만유의 주재임을 드러내었다. 신이 아니면 결코 할 수 없는 일이었다. 독일의 실존주의 철학자 니체(Nietzsche, 1844~1900)는 대표적 무신론자로 '신은 죽었다!'고 선포하였다. 아울러 선도 없고 악도 없으며, 하나님도 없고 악마도 없는바, 인간이 스스로 무소처럼 강하게 되어야 한다고 주장하였다. 그러나 그는 죽음을 앞두고 발작을 일으켜 10년 동안 정신병원에서 지냈다. 그래서 예수가 말하였다. '너희 율법에 기록된바, 내가 너희를 신이라 불렀다는 기록이 있지 않느냐?'

46. 유대 왕

예수는 동방박사들에 의해 유대의 왕으로 태어났음이 드러났다. 로마의 군병들이 가시 면류관을 엮어 예수의 머리에 씌우고 조롱하였으며, 빌라도는 유대 지도자들의 등쌀에 못 이겨 결국 유대의 왕이라는 죄목으로 예수를 십자가에 못 박았다. 그리고 히브리어와 그리스어와 라틴어로 '유대인의 왕 예수'라고 써서 십자가에 붙였다. 하지만 유대인들은 그것을 창피하게 여기며 '유대인의 왕'이 아니라, '자칭 유대인의 왕'으로 다시 써서 붙이라고 요구하였다. 그래서 예수의 이름은 더욱 유명세를 치르게 되었고, 십자가는 구원의 상징으로 오늘날 자리매김하였다. 예수는 유대의 왕이자 만왕의 왕으로 세상을 구원하려고 기꺼이 십자가에 달렸다. 그래서 사람들이 빈정거렸다. '당신이 유대의 왕이라면 당신 자신부터 먼저 구원하시오!'

47. 인자

예수는 자신이 구원자라는 사실을 세상에 드러내려고 인자, 곧 사람의 아들로 태어났다. 인자는 다니엘에 의해 메시아의 칭호로 사용되었다. 예수도 자신을 스스로 인자라고 하였으며, 길 잃은 사람을 찾아 구원하러 왔다고 하였다. 그리고 하나님이 정하신 대로 구원 사역을 마치면 다시 하늘나라로 돌아간다고 하였으며, 모든 천사와 더불어 영광에 휩싸여 또다시 온다고 하였다. 그래서 스데반이 하늘을 우러러 영광에 휩싸인 예수를 바라보고 소리쳤다. '보십시오! 하늘이 열려 있고, 하나님의 오른편에 인자가 서 계십니다.'

48. 하나님

예수는 하나님의 아들로서 하나님과 똑같은 분이었다. 그래서 제자들에게 자기를 본 사람은 하나님을 본 것이나 다름이 없다고 하였으며, 제자들도 예수를 보고 스스럼없이 '나의 주님!', '나의 하나님!'이라고 고백하였다. 하지만 예수도 하나님 아버지에 대한 확고한 믿음이 있었는바, 이는 동서고금을 통틀어 신비 중의 신비이다. 예수가 사람으로서 하나님이라는 논리는, 신앙적으로 보면 너무나 당연한 일이지만, 학문적으로 보면 상당히 어려운 교리임에 틀림이 없다. 그러나 성경을 자세히 연구한 사람들은, 예수가 단순한 성인이나 예언자만은 아니라는 사실을 확실히 깨닫게 된다. 그래서 요한이 말하였다. '영생은 오직 한 분이신 참 하나님을 알고, 또 아버지께서 보내신 예수 그리스도를 아는 것입니다.'

49. 하나님의 아들

예수는 하나님의 아들로서 하나님이다. 하지만 성부 하나님과 생물학적으로 맺어진 부자 관계는 아니다. 하나님은 유일신으로 스스로 존재하는 바, 어느 누구를 낳으실 수도 없고 태어나실 수도 없다. 성모 마리아도 사람의 아들로서 예수의 어머니이며, 하나님의 아들로서 예수의 어머니는 아니다. 사람이 하나님의 어머니가 될 수 없다는 말이다. 그러나 일부 종파에서 여전히 성모 마리아를 하나님의 어머니라 부른다. 지극히 인간적인 생각에서 비롯된 비약적 추론이다. 삼위일체 하나님의 논리로 보면 맞는 말 같기도 하지만, 삼위일체도 유일신 하나님 안에 있는 고리인바, 자세히 살펴보면 이보다 더 큰 신성모독도 없다. 그래서 예수가 어느 때는 나와 아버지는 하나라고 하였으며, 어느 때는 아버지는 나보다 크시다고 분명히 밝혔다.

50. 하나님의 어린 양

예수가 하나님께 바쳐진 희생 제물로서 속죄양이 되었다는 뜻이다. 출애굽 당시 이스라엘 백성이 어린양을 잡아 그 피를 문설주와 인방에 바름으로써, 죽음의 사자가 그 집을 넘어간 데서 비롯되었다. 예수는 자기 백성을 죄에서 구원하려고 온 유월절 어린양으로서 하나님께 바쳐진 속죄 제물이었다. 그래서 세례 요한이 예수를 보고 소리쳤다. '보십시오, 세상 죄를 지고 가는 하나님의 어린 양입니다!'

제2권
교회는 무엇인가?

시 23편

주님은 나의 목자시니
내가 부족함이 없습니다.

나를 푸른 초원에 누이시며
쉴 만한 물가로 인도하십니다.

내게 다시 새 힘을 주시고
주님의 이름을 위하여
바른길로 인도하십니다.

내가 죽음의 그늘진 골짜기를 다닐지라도
주님이 나와 함께하시고
주님의 지팡이와 막대기가 나를 지켜주시니
내게 두려움이 없습니다.

주님이 내 원수의 목전에서 잔칫상을 차려주시고
내 머리에 기름을 붓고 귀빈으로 맞아주시니
내 잔이 차고 넘칩니다.

진실로 주님의 선하심과 인자하심이
내 평생 나를 따를 터이니
내가 주님의 집에서 영원히 살 것입니다.

제1편
야훼에 대하여

$$\dagger$$

01. 야훼

1 야훼는 우주 만물을 창조하시고 통치하시는 유일신 하나님이시다. 알파와 오메가요, 처음과 나중이요, 시작과 끝이다. 영원부터 영원까지 스스로 다스리시며, 시간과 공간과 물질을 완전하고 완벽하게 주관하신다. 하나님 외에 다른 신이 있을 수 없다. 다른 신이 있다면 우주의 질서는 깨어지고 전쟁과 난리로 얼룩질 것이다. 우주는 처음부터 끝까지 질서정연하게 조화를 이루며 운행되고 있다. 하나님은 독창적이고 독립적 존재로서 그 권위와 위엄은 조금도 변하거나 분리되지 않는다.

2 하나님의 경륜은 자신의 생명을 사람에게 분배하시는 일이다. 영원히 죽지 않는 생명을 사람에게 나눠줌으로써 영생을 누리게 하는 것이다. 죄로 인해 죽은 사람을 불쌍히 여기시고, 사망의 늪에서 건져 해방시키려는 원대한 계획에서 비롯되었다. 이는 죽음에서 부활한 예수 그리스도에 의해 확연히 드러났으며, 오순절 마가의 다락방에 강림

한 보혜사 성령에 의해 확실히 이루어지고 있다.

3 하나님의 경외는 하나님을 공경하고 두려워하는 마음이다. 사람은 누구나 선천적으로 하나님을 찾아 섬기려는 신앙심을 가지고 있다. 그래서 모세가 말하였다. '그러므로 여러분은 야훼 하나님의 명령을 지키고, 그분의 뜻을 따라 살면서 두려운 마음으로 섬기십시오.'

4 하나님의 계명은 인류에게 허락하신 사회적, 신앙적, 윤리적 규범이다. 모세의 십계명을 요약한 예수의 큰 계명과 새 계명이 있다. 십계명은 내 앞에 다른 신을 두지 마라. 우상을 숭배하지 마라. 야훼의 이름을 망령되이 부르지 마라. 안식일을 거룩히 지키라. 부모를 공경하라. 살인하지 마라. 간음하지 마라. 도둑질하지 마라. 거짓 증언하지 마라. 남의 물건을 탐하지 말라는 것이다. 큰 계명은 마음을 다하고, 목숨을 다하고, 뜻을 다하고, 힘을 다하여 하나님을 사랑하고 이웃을 사랑하라는 것이다. 새 계명은 서로 사랑하라는 것이다.

5 하나님의 계시는 사람의 사정이나 형편 등을 모두 고려하여 그 뜻을 드러내시고 의사를 표하시는 방법이다. 사람은 피조물로서 지극히 제한적이고 불완전하며 유한하지만, 하나님은 창조주로서 모든 면에서 초월적이고 완전하시며 무한하시다. 사람이 제아무리 지혜롭고 영리하여도 하나님의 계시가 없으면 아무것도 알 수가 없다. 이는 하나님의 주권적 통치 방법으로서 자연 현상이나 주변 환경에 의해서도 드러나고, 사람의 꿈이나 환상, 개성이나 특성에 따라서도 달리 나타난다. 때로는 초자연적 기사나 표적으로도 나타나고, 드물게는 사람이나 천사, 동물의 모습으로 나타나 일러주기도 한다. 하지만 가장 뚜

렷하고 확실한 계시는 성령의 감동으로 기록된 성경이다.

6 하나님의 계획은 그리스도 안에서 정하신 구원의 절차나 방법 등의 전략을 말한다. 사탄의 유혹에 넘어간 첫 사람 아담은 하나님과의 관계가 단절되어 절망의 나락으로 떨어졌는바, 속사람이 죽어 허울 좋은 껍데기 인간이 되었다. 그래서 사람은 하나님과 함께하기를 원했으나 그럴 수가 없었고, 하나님을 모실 기능은 있었으나 죄로 물들어 그럴 수가 없었는바, 더 이상 살아있는 존재가 아니었다.

이렇듯 사람은 하나님의 품에서 벗어나 거룩한 모습은 찾아볼 수가 없었고, 죄 가운데 태어나 죄를 지으며 살다가 죄인으로 죽을 수밖에 없는 비참한 신세가 되었다. 이런 사실을 미리 아시고 하나님이 죄인을 구원할 계획을 세우셨던바, 다름 아닌 죄로 죽은 사람을 예수의 피로 용서하고 다시 살리는 일이었다. 이는 하나님의 선하신 뜻에 따라 정하신 우주적 프로젝트 계획으로, 하늘과 땅의 모든 것을 예수의 십자가로 회복시킬 방안이었다.

그러므로 이제는 누구나 예수 그리스도를 믿음으로 구원을 얻게 되었고, 영접하는 자 곧 그 이름을 믿는 자들에게는 하나님의 자녀가 되는 특권이 주어졌다.

7 하나님의 공의는 올곧고 정직한 본성으로 절대적이며 영원하다. 인간의 의는 시대와 문화의 영향을 받기 마련인바, 하나님의 의에 맞추기가 사실상 어렵다. 그래서 하나님이 아브라함의 믿음을 보시고 그것을 의로 여기셨다. 공로가 아니라 믿음으로 의롭게 된다는 뜻이다. 이를 '믿음으로 전가된 의'라 부른다. 예수가 십자가에 달려 대속의 피를 흘리심으로써 모든 사람의 죗값을 치렀으며, 하나님은 이를 의로

여겨서 사람들의 죄를 무조건 용서하셨다. 예수는 하나님의 의를 드러내기 위해 죽었고, 하나님은 예수를 죽음에서 부활시켜 하나님의 의를 확증하였는바, 이제는 누구나 예수를 믿음으로 의롭게 되는 것이다. 그러므로 하나님의 공의는 예수의 사랑으로 이루어지고, 예수의 사랑은 하나님의 공의로 완성되는바, 사랑 없는 공의나 공의 없는 사랑은 있을 수 없다.

8 하나님의 교육은 예수 그리스도를 통해 성도를 양육하시는 일체의 과정이다. 성도는 하나님의 방법에 따라서 최상의 교육과 훈련을 받는다. 육신의 아버지가 자녀를 양육하는 방법과 똑같다. 다만 공의와 사랑으로 가르치시되, 다양한 권징을 사용하신다는 특징이 있다. 하나님은 필요에 따라 고난과 시련도 주시고, 환란과 재앙도 허락하신다. 어느 때는 침묵으로 일관하며 스스로 깨닫게 하시고, 사람 막대기와 인생 채찍을 사용하여 징계도 하시며, 자연환경을 통해 누리게도 하시며, 영안을 열어 환상을 보게도 하신다. 이렇듯 하나님의 교육 방법은 매우 다양하다.

9 하나님의 구원은 예수 그리스도의 은혜와 사랑으로 죄악의 늪에 빠진 사람을 구하여 해방시키는 은총이다. 속전을 지급하고 노예를 해방시키는 것이요, 위험한 곳에서 구출하여 안전한 장소로 옮기는 것이요, 사망의 구렁텅이에서 구조하여 영생을 주시는 것이다. 따라서 구원은 예수를 자신의 구세주로 인정하고 받아들임으로써 주어지는 하나님의 선물인바, 반드시 예수 그리스도를 인격적으로 영접해야 한다. 그리고 감사함으로 순종하고 기도하며 살아야 한다. 그렇지 않으면 배교나 타락 등으로 구원의 대열에서 이탈할 수도 있다.

⑩ 하나님의 구원에 대한 조건은 죄를 회개하고 예수를 구원자로 받아들이는 믿음이다. 믿음은 반드시 죄에 대한 회개를 전제로 한다. 죄에서 벗어나 예수를 믿으면 된다. 어느 종교는 5가지 구원의 단계를 제시하고, 어떤 종교는 7가지를 제안하지만, 기독교는 회개와 믿음만을 요구한다. 믿음으로 죄를 용서받고 의롭게 되어 영생을 누리는 것이다. 따라서 구원을 받으려면 누구나 죄를 용서받아야 하고, 죄를 용서받으려면 예수를 구원자로 믿고 맞아들여야 한다. 이는 선택이 아니라 필수이다. 모든 사람이 죄인이기 때문이다. 혹시 죄 없는 사람이 있다면 그는 구원자가 필요치 않을 것이다. 하지만 누구나 죄 가운데 태어나 죄를 지으며 살다가 죄를 안고 죽기 마련이다. 반드시 그 죄를 처리해야 한다.

사실 하나님의 공의는 사람이 죄를 처리하는 조건으로 자녀임을 인정하는 것이다. 그래서 예수가 죄인을 대신하여 죽을 수밖에 없었는바, 이른바 만유를 포함한 대속의 은총이다. 그런즉 사람은 누구나 구원을 받아야 하며, 구원받은 사람만이 하나님의 나라에 들어갈 수 있다.

⑪ 하나님의 권능은 그 이름에 내포되어 있는바, 하나님이 스스로 드러내신 계시의 범위 안에서만 어렴풋이 짐작할 수 있다.

○ 야훼/여호와 (YAHWEH) - 스스로 있는 분, 영존하는 분 (출애굽기 3:13, 14)

○ 아도나이 (Adonai) - 주(主), 주인 (출애굽기 4:10, 13)

○ 엘로힘 (Elohim) - 강한 분, 신성한 분 (창세기 1:1)

○ 엘 로이 (El Roi) - 만물을 감찰하는 분 (창세기 16:13)

○ 엘 샤다이 (El Shaddai) - 전능한 분 (창세기 17:1)

○ 엘 엘리온 (El Elyon) - 지극히 높은 분, 가장 강한 분 (창세기 14:20)

○ 엘 올람 (El Olam) - 영원한 분 (사사기 40:28)

12 하나님의 기적은 필요에 따라 드러내시는 초자연적 계시로서 자연법칙을 뛰어넘는 불가사의 현상이다. 하나님이 선히 여기시면 언제 어디서나 기적은 일어날 수 있다. 하지만 하나님의 특별계시인 성경이 보편화되고, 예수의 부활과 승천에 이어서 강림한 성령의 은혜로 언제 어디서나 풍성한 영성 생활이 가능한바, 성경시대와 같은 기적은 많이 줄어들었다. 따라서 오늘날 하나님의 기적은 택하신 백성의 구원을 위해 아주 특별한 경우에 한하여 주어진다.

13 하나님의 법은 사랑과 공의에 따른 절대적 원칙이요, 공평무사한 규범이다. 성도의 양심을 통해 드러난다. 하나님이 죄는 미워하시나 죄인은 미워하시지 않는다. 오히려 불쌍히 여기시고 회개하고 돌아오기를 원하신다. 아무리 무거운 죄를 지은 사람도 회개하면 용서하시고, 아무리 가벼운 죄를 지은 사람도 회개하지 않으면 징계하신다. 사실 사람이 만든 법은 항상 불안전하다. 아무리 최선을 다해 만들어도 시대와 문화, 사정과 형편에 따라 쉽게 바뀌거나 사문화하기 일쑤다. 가변적이고 불완전하여 도덕적 기준이나 일반적 상식, 세상의 원칙마저 무너뜨리는 경우가 허다하다. 하지만 하나님의 법은 도덕이나 윤리, 그 어떤 원리나 원칙보다 앞선다. 그런데 그 법을 온전히 지킬 사람이 없다. 그래서 예수 그리스도 안에 있는 생명의 법, 곧 성령의 법이 죄와 사망의 법에서 우리를 해방시켜 주었다.

14 하나님의 본심은 본디부터 가지고 계시는 고유의 성품이다. 하나님은 사람이 지킬 수 없는 법을 만들어 어려움에 봉착시킬 뜻이 전혀

없었다. 그 법을 통해 죄를 깨닫고 구원의 은혜를 보게 함으로써, 참 자유와 평화와 기쁨을 누리게 하려는 것이다. 그래서 하나님이 호세아에게 말하였다. '내가 바라는 것은 제사가 아니라 사랑이다. 제물을 바치기 전에 이 하나님의 마음을 먼저 알아다오.'

15 하나님의 비하는 지극히 높으신 분이 비천한 인간의 몸을 입고 세상에 와서 겪으신 온갖 수난을 말한다. 하나님은 이스라엘 백성과 함께 천막에 거하기도 하셨고, 몸소 전쟁에 참가하여 싸우기도 하셨다. 특히 외아들의 성육신을 통해 숱한 고난을 받고 십자가에 못 박혀 죽기까지 하셨다. 그리고 인간의 무덤에 장사되었다. 그래서 성경은 말한다. '누구든지 자기를 높이는 사람은 낮아지고, 자기를 낮추는 사람은 높아진다.'

16 하나님의 사랑은 거룩한 본심이요, 신령한 본성이요, 영원한 본질이다. 아무 흠도 없고 티도 없으며, 마냥 순전하고 완전하며, 시종 위대하고 불의를 용납지 않으며, 끝까지 돌보고 보살피시는 원래의 품성이다. 우리도 서로 사랑함으로써 하나님의 성품을 드러내어야 한다. 그래서 예수가 말한다. '새 계명을 너희에게 주니 서로 사랑하라. 내가 너희를 사랑한 것처럼 너희도 서로 사랑하라.'

17 하나님의 사역은 스스로 계획하고 주관하며 다스리시는 일이다. 선하신 뜻에 따라 자신의 생명을 사람에게 나눠주시는 일, 즉 죄인을 구원하여 자녀로 삼는 일이다. 그런데 하나님의 생명이 어떻게 사람에게 분배될까? 영원한 하나님의 생명이 일시적인 사람들에게 들어가 연합하는 일이 그리 쉽지만은 않을 듯하다. 이는 하나님만의 방법으

로 신비롭게 이루어진다. 그래서 성경은 말한다. '만일 너희 속에 하나님의 영이 거하시면 너희가 육신에 있지 아니하고 영에 있나니, 누구든지 그리스도의 영이 없으면 그리스도의 사람이 아니다.'

18 하나님의 상급은 사람의 공로에 따라서 공평하게 나눠주시는 보상이다. 마지막 날에는 누구나 최후의 심판대 앞에 서서 상이나 벌을 받을 것이다. 상급과 징벌은 하나님의 심판에 의해 공평하게 주어질 것이며, 그 어떠한 이의도 제기하지 못할 것이다. 사람이 아무리 큰 은사를 받고 많은 일을 하여도 하나님의 뜻에 따라 순수하지 않으면 상을 받지 못할 것이며, 아무리 작은 은사를 받고 적은 일을 하여도 하나님의 뜻에 따라 순수하면 큰 상을 받을 것이다.

그러나 하나님의 상은 세상의 기준과 전혀 다르거나 정반대일 수 있다. 세상의 기준은 금전으로 환가한 가치로 결정되지만, 하나님의 기준은 금전의 가치나 대소의 양, 귀천의 질을 초월하기 때문이다. 그러므로 사람이 징벌의 심판을 받지 않으려면 죄가 없어야 한다. 의인은 믿음으로 죄를 처리할 수 있지만, 죄인은 자기 행위로 죗값을 치를 수 없다. 반드시 예수 그리스도를 믿고 속죄의 은총을 받아야 한다. 자신의 노력으로 의인이 된 사람은 동서고금을 떠나서 아무도 없다.

19 하나님의 생명은 영원히 사시는 존재론적 활동이다. 하나님은 영원부터 영원까지 만유를 다스리며 주관하신다. 하나님의 활동은 영원무궁하여 시작도 없고 끝도 없다. 그래서 시인이 말하였다. '산들이 생기기 전에, 땅과 세계가 생기기 전에, 영원부터 영원까지 주님은 하나님이십니다.'

　　　　　예수 팩트

20 하나님의 선택은 여럿 가운데 특별히 골라서 뽑아내는 것이다. 반면에 유기는 버리고 더 이상 돌보지 않는 것이다. 하나님이 만세전부터 타락할 사람을 미리 아시고 선택과 유기를 정하신다는 이론과 사람이 타락한 뒤에 하나님이 선택과 유기를 조건부로 정하신다는 이론이 있다. 전자는 하나님의 무조건적 선택으로 예정된 사람만 구원을 받는다는 칼뱅의 예정론이고, 후자는 예수의 대속으로 무제한적 속죄가 이루어진바 믿음이라는 조건부로 사람을 구원한다는 웨슬리의 만인구원론이다.

그런데 누구는 선택되고 누구는 유기된다는 말씀은 원칙적으로 사람이 판단할 사안이 아니다. 이쪽이냐 저쪽이냐를 선택하거나 유기하는 일은, 흑백논리나 이원론으로 접근할 문제가 아니라, 과거와 현재와 미래를 살펴보시는 하나님의 통치에 따른 사항이다. 하나님의 선하신 뜻에 따라 무조건적으로 선택하시되 조건적으로 적용하실 수도 있고, 무제한적으로 속죄하시되 제한적으로 구원하실 수도 있다는 말이다. 하나님은 무엇이나 다 하실 수 있지만, 사람이 그것을 다 이해하거나 설명할 수는 없다. 하나님의 통치는 사람의 이해를 구하지 않는다.

21 하나님의 섭리는 인간의 자유의지와 협력하면서 궁극적으로 선을 이루시는 방법이다. 하나님이 스스로 우주 만물을 보살피고 다스리며 지키시는 일이다. 하나님은 피조세계를 보호할 것은 보호하시고, 보존할 것은 보존하시며, 총체적으로 관리하고 운영하신다. 아울러 택하신 백성을 돌보시되 때로는 실패나 좌절, 난관이나 질병까지 사용하여 보듬고 인도하신다.

22 하나님의 소명은 뜻하신 바를 이루시기 위하여 특정한 사람을 불

러 사명을 주시는 일이다. 사람이 하나님의 소명을 받으면 무조건 따라야 한다. 도저히 감당하기 어려운 일을 무리하게 맡기시는 것처럼 보여도 하나님을 믿고 나아가야 한다. 의심은 사탄이 주는 함정이다. 감사함으로 순종하고 기도하는 사람만이 하나님의 소명을 제대로 받들 수 있다.

23 하나님의 속성은 원래부터 가지고 계시는 하나님의 성품이다. 스스로 존재하시며 선하신 뜻에 따라 우주 만물을 보호하고 보존하며 다스리신다. 영원히 죽지도 않고 변치도 않으신다. 만사를 아시고 매사에 능하시며 시공을 초월하여 스스로 활동하신다. 꿈이나 환상, 윤리나 양심 등으로 사람과 교통하시고, 필요에 따라 사람이나 천사 등으로 나타나시며, 영원한 의로 통치하고 심판하신다. 그 모양과 형체가 없으시며, 지혜와 능력과 공의와 인자와 진실이 영원하고 무궁하시다. 무소부재하시며 사람의 눈으로 식별되지 않으신다. 선하고 자비하며 긍휼히 풍성하시다. 오래 참고 신실하며 거룩하시다.

24 하나님의 시험은 성도의 믿음을 테스트하는 연단과 시련이 있다. 하지만 사탄의 시험은 사람을 실족시키는 악마의 유혹이다. 시험의 주체는 사람의 구원을 위한 하나님, 하나님의 의중을 떠보려는 사람, 사람을 멸망의 구렁텅이로 끌어가는 사탄이다. 하나님은 항상 선한 목적으로 시험을 주시지만, 사람이나 사탄은 불신과 악한 생각에서 시험을 한다. 하나님은 필요에 따라 개인은 물론이고 교회나 단체, 민족이나 국가까지 시험하신다. 시험을 받게 되면 믿음으로 순응해야 한다. 사람은 어떤 경우에도 하나님을 시험해서는 안 된다. 사탄의 시험은 유혹인바 예수의 이름으로 단호히 물리쳐야 한다.

25 하나님의 심판은 각자의 행위에 따라 옳고 그름을 가리는 판정이다. 이 심판에는 아무도 예외가 없다. 모든 사람이 하나님의 심판대 앞에 서야 한다. 신자는 징벌의 심판만은 피하겠지만, 믿음으로 받은 구원이 그 심판을 아예 면제하지는 않는다. 신자든 불신자든 누구나 심판은 받되, 그 책망이나 형벌이 천양지차로 나타난다는 말이다. 신자에게는 무한한 기쁨이, 불신자에게는 한없는 슬픔이 있을 것이다.

26 하나님의 언약은 하나님의 뜻에 따라 일방적으로 제시되고 무조건적으로 맺은 은혜의 계약이다. 상호 책임과 의무가 따르는 쌍무 계약이 아니라, 하나님의 사랑으로 체결된 편무 계약이다. 무지개 언약, 소금 언약, 선민 언약, 메시아 언약 등이 다 하나님의 뜻에 따라 주어진 사랑의 계약이다. 그러므로 하나님의 백성은 언제나 수혜자의 위치에 있다.

27 하나님의 예정은 사람의 사정과 형편에 맞춰 미리 정하신 구원의 계획이다. 사람은 자신의 의지로 하나님을 믿을 수도 있고 믿지 않을 수도 있지만, 하나님은 선하신 뜻대로 선택할 사람은 선택하시고 유기할 사람은 유기하신다. 이로써 사람의 의지와 상관없이 구원이나 멸망이 미리 정해진 것처럼 보이지만, 사실은 그렇지 않다. 하나님은 아무리 악한 사람도 예수 그리스도를 믿음으로 회개하고 돌아오면 받아주실 수밖에 없다. 이것이 사람의 의지와 협력하시는 하나님의 예정이다.

28 하나님의 영은 바람과 공기와 호흡과 같다. 시간적으로 영원하시고 공간적으로 무한하시다. 그 어떤 환경에도 지배받지 않는 초월자시요, 모든 것을 능가하는 절대자시다. 필요에 따라 자유롭게 오기도 하

고 가기도 하시며, 순간적으로 나타나 메시지도 전하시고, 어려운 사람을 찾아와 돕기도 하신다. 이렇듯 하나님은 피조세계를 돌보고 다스리시며 그 어떠한 제한도 받지 않으신다.

29 하나님의 영광은 빛나고 높은 보좌를 둘러싼 영화로운 명예이다. 오직 하나님만 받으실 영예로서 무슨 일이 있어도 사라지거나 축나지 않고 영원무궁토록 이어진다. 하나님이 그 영광을 믿음의 선물로 자기 백성에게 나눠주기를 기뻐하신다. 예수가 하나님의 뜻에 따라 죽기까지 순종함으로써 가장 빛이 났으며, 오늘날 성도의 예배와 찬양, 감사와 기도 등으로 무한히 드러나고 있다.

30 하나님의 은혜는 아무 조건 없이 거저 주시는 선물이다. 하나님이 독생자를 희생시켜 사탄의 지배하에 놓인 인류를 구원하신 것이 그 절정이다. 그래서 바울이 말하였다. '여러분은 믿음을 통하여 은혜로 구원을 얻었습니다. 이는 여러분에게서 난 것이 아니라 하나님의 선물입니다.'

31 하나님의 음성은 선하신 뜻에 따라 특정한 사람에게 주권적으로 들려주신다. 하지만 성경에 나타난 하나님의 음성이 사람의 청각을 통해 실제로 들렸는지, 아니면 무슨 영감이나 다른 방법을 통해 들었는지 분명치 않은 경우가 많다. 그럼에도 하나님은 불가능이 없으시다. 우리가 성경을 읽거나 기도하다가, 꿈이나 환상, 성령의 영감 등으로 하나님의 음성을 들을 수 있다. 다만 그것이 자신의 생각인지, 사탄의 꼼수인지, 하나님의 뜻인지 분별하는 영적 통찰력이 필요하다. 이런 고도의 은사는 하루아침에 주어지지 않는다.

32 하나님의 자녀는 넓은 의미로 모든 백성을 아우르는 말이다. 사람은 모두 아담의 후손이기 때문이다. 하지만 고의로 하나님을 부인하고 구원자를 거절하는 사람까지 하나님의 자녀로 받아주신다고 보기는 어렵다. 그래서 영접하는 자, 곧 그 이름을 믿는 자들에게는 하나님의 자녀가 되는 권세를 주었다고 하였으며, 하나님을 사랑하는 자, 곧 그 뜻대로 부르심을 받은 자들에게는 모든 일이 합력하여 선을 이룬다고 하였다.

33 하나님의 작정은 세상만사를 미리 아시고 정하신 구원의 계획이다. 예정이 사람에 대한 계획이라면 작정은 우주 만물에 대한 계획이다. 이는 하나님의 뜻에 따라 정하신 것으로 반드시 이루어진다는 특징이 있다. 하나님은 사람을 일정한 프로그램에 의해 작동하는 기계처럼 만들지 않고 일정 부분을 자유의지에 맡기셨다. 그런데 사람이 그 자유의지를 잘못 사용하여 죄가 세상에 들어오고, 자연 현상에 심한 왜곡이 생기게 되었는바, 하나님이 예수를 구원자로 보내주신 것이다. 사람의 범죄와 자연의 파괴, 예수의 죽음과 세상의 구원에 대한 일련의 과정이 모두 하나님의 작정 안에 있다는 말이다.

34 하나님의 존재에 대해서는 성경이 딱히 증언하지 않고 그냥 선포할 뿐이다. 존재하는 모든 존재를 존재하게 하는 존재로서 너무나 당연한 사실인바, 논증하거나 반증할 필요가 없다는 뜻이다. 따라서 성경은 하늘이 하나님의 영광을 선포하고, 궁창이 그의 손으로 하신 일을 드러낸다고 하였다. 하나님은 편재하시며 우주 만물에 깃들어 있다. 하나님께 나아가는 사람은 반드시 하나님이 계신 것을 믿어야 한다. 하나님이 없다고 하는 사람은 정말 어리석다. 성령의 감동으로 기

록된 성경, 성육신한 아들 예수, 성도의 사모하는 마음 등이 모두 하나님을 존재를 드러내고 있다. 그래서 성경은 눈으로 보지 않고 마음으로 믿는 사람이 더욱 복되다고 하였다.

35 하나님의 주권은 선하신 뜻에 따라 스스로 행하시는 권리, 곧 절대적 권한이다. 하나님은 자주적이고 독립적이며 무소불위하시다. 우주 만물을 주관하시고 삼라만상을 다스리시며, 그 어떤 것에도 제한받지 않고 스스로 일하시며, 통제하고 자제하는 능력까지 가지고 계신다. 그래서 시인이 말하였다. '주권은 하나님께 있으며, 하나님은 만국을 다스리신다.'

36 하나님의 천사는 영적 존재로서 사람보다 먼저 우월하게 창조되었다. 일찍이 하나님은 영계와 물질세계를 시차를 두고 지었으며, 보이는 세상보다 보이지 않는 세계를 먼저 만드셨다. 천사는 시공을 초월하는 영으로 자유롭게 지어진 반면, 사람은 흙으로 지어진 몸에다 영을 불어넣어 생령이 되었는바, 불가불 생로병사라는 제한성을 갖게 되었다. 하지만 피조물 가운데 가장 존귀하고 신비하게 지어져 천사가 흠모할 정도이다. 그래서 시인이 말하였다. '그를 하나님보다 조금 못하게 하시고 영화와 존귀로 관을 씌우셨나이다.'

37 하나님의 통치는 피조세계를 다스리시는 주권적 행위로서 초월적이고 절대적이다. 하나님은 우주 만물의 통치자로서 의와 공평으로 다스리시며, 보존할 것은 보존하시고 보호할 것은 보호하신다. 사람은 하나님의 권한을 일부 위임받은 존재로서 당연히 선악을 구분하여 다스려야 한다. 아울러 사람도 다스림을 받는 위치에 있는바, 하나님

께 감사하고 순종해야 한다.

38 하나님의 현현은 선하신 뜻에 따라 다양한 모습으로 나타나시는 임재이다. 하나님은 에덴동산을 걷기도 하셨고, 아브라함과 롯을 비롯해 여러 족장에게 나타나기도 하셨으며, 모세와 여호수아 등과는 허심탄회하게 대화도 나누셨다. 이는 사람의 구원과 관련이 있으며, 지금도 환상이나 꿈, 소리나 문자, 천사나 광채 등으로 나타나신다. 하지만 하나님의 모습을 직접 본 사람은 없다.

39 하나님의 호칭은 19세기 개신교 선교사에 의해 붙여졌다. 그 이전에는 천주님이라 불렀다. 하지만 원칙적으로 하나님의 이름은 사람에 의해 지어질 수도 없고 드러낼 수도 없다. 하나님의 영화와 영예를 사람의 언어로 표현하지 못하기 때문이다. 따라서 형이상학적 방법으로 사람이 풀어서 적었을 뿐이다.

성경에 나타나는 하나님의 이름은 스스로 계시는 분(I am who I am)이라는 야훼(Yahweh) 또는 여호와(Jehovah), 강한 분이라는 엘로힘(Elohim), 주인이라는 아도나이(Adonai), 전능하신 분이라는 하나님(하느님), 만물의 주재라는 주님(천주님), 창조주라는 아버지, 구세주라는 그리스도(메시아), 그 외에 변호사, 상담자, 조력자라는 보혜사(성령)도 있다. 개신교의 하나님을 천주교와 성공회, 정교회 등에서는 하느님 또는 천주님이라 부르고, 유대교에서는 주(아도나이), 이슬람교에서는 알라(Allah)라 부른다. 아브라함을 믿음의 조상으로 섬기는 셈족 종교에서 부르는 야훼 하나님의 호칭은 다양하다.

02. 창조

1 생령은 하나님의 존재론적 실체로서 살아있는 생명이자 불멸하는 영이다. 하나님이 흙으로 사람을 지으시고 그 코에 생기를 불어넣어 살아있는 존재, 곧 생령이 되게 하셨다. 그래서 바울이 말하였다. '성경에 기록된 대로 첫 사람 아담은 생명이 있는 존재가 되었으나, 마지막 아담 예수는 생명을 주는 존재가 되었습니다.'

2 인간은 먼지 중에서도 가장 하찮은 티끌로 지어졌다. 다른 생물체는 암컷과 수컷이 동시에 지어졌으나 사람은 남성과 여성이 따로 지어졌다. 아담의 갈빗대를 뽑아 여성을 만들자 아담이 남성이 되었던 것이다. 사람이 다른 피조물과 달리 특별한 목적을 가지고 지어졌다는 뜻이다. 그래서 인간은 시간과 공간과 물질의 주체로서 하나님이 위임하신 범위 안에서 우주를 다스리게 되었다. 피조물로서 창조주의 생명을 소유한바, 그에 따른 책임과 의무도 아울러 주어진 것이다. 그러므로 사람은 하나님을 섬기며, 성령의 인도를 받으며, 주님을 모시고 그 뜻대로 살아야 한다.

3 인류의 역사는 하나님의 통치 방법에 따라서 자율(自律), 신정(神政), 인자(人子), 은혜(恩惠), 자치(自治) 시대로 나눌 수 있다. 여기서 역사의 주재는 당연히 하나님이시다. 우주의 역사는 하나님의 통치하에 분명한 목적을 가지고 나아간다. 그저 그렇게 돌다가 사라지는 시간의 흐름이 아니다. 그래서 성경은 말한다. '우주 만물을 지으신 하나님은 천지의 주재시니, 사람의 손으로 지은 신전에 계시지 않는다.'

4 창조론과 진화론의 이원론적이고 소모적인 논쟁은 오늘날 많이 사라졌다고 본다. 진화론과 창조론은 대척점에 있는 것이 아니라 상호 보완적이고 보충적이다. 우주의 생성이나 생명의 기원은 과학이나 신앙으로 입증되지 않지만, 서로 모순되지도 않는다. 그래서 성경은 말한다. '영원히 살아계신 분이 온 우주와 만물을 창조하셨다.'

5 창조주는 야훼 하나님이시다. 유일신이요, 절대자요, 초월자시다. 경외서에 이런 기록이 있다. '150억 년 전에 대폭발이 일어나 우주가 생성되었다. 모든 에너지의 끊임없는 팽창이 계속되었고, 먼지와 가스가 뭉쳐지고 충돌하면서 은하와 행성이 생겨났다. 이후 천사가 가꾸고 보살피는 지구를 인간에게 위탁하였다. 그런데 인간이 자연을 파괴시키므로 창조주가 인간을 추방하였다.'

태초에 하나님이 우주를 창조하셨으나 그때가 언제쯤인지 알 수는 없다. 과학자의 말대로 정말 137억 년이 되었는지, 그보다 더 오래되거나 덜 되었는지 모른다. 하지만 분명한 사실은, 하나님이 우주를 창조하심으로써 시간과 공간과 물질의 역사가 시작되었으며, 지금도 끊임없이 팽창하며 재창조되고 있다는 사실이다.

6 하나님이 지구를 짜임새 있게 꾸미기까지 이 땅은 혼돈과 공허와 흑암으로 가득 차 있었다. 이른바 원시 상태로서 아무것도 드러나지 않고 그저 텅 빈 공간만 지구를 감싸고 있었다. 그때 하나님의 말씀이 임하여 창조가 시작되었으며, 혼돈이 질서로, 공허가 충만으로, 흑암이 광명으로 바뀌기 시작하였다. '빛이 있어라!' 하시자 빛이 생겼고, '물이 드러나라!' 하시자 육지와 바다가 갈라졌고, '식물이 있어라!' 하시자 온갖 식물이 생겨났고, '별들이 있어라!' 하시자 별들이 생겼고, '생

물이 있어라!' 하시자 바다의 고기와 땅의 짐승과 공중의 새가 생겼다. 그리고 사람을 남자와 여자로 지으시고 모든 것을 다스리게 하셨다.

7 JEDP 이론은 오경의 저자가 모세가 아니라 J와 E와 D와 P라는 사람들에 의해 기록되고 에스라에 의해 편집되었다는 견해이다. 오경에 나타나는 단어와 문체 등이 서로 다르다는 사실에 근거하고 있지만, 보편적으로 성경은 모세를 오경의 저자로 인정하고 있다.

03. 율법

1 율법은 윤리적 계명과 사회적 율례와 의식적 규례 등이 있다. 이스라엘 민족을 위한 특별법이 아니라, 온 인류에게 선포된 최고의 규범이다. 하나님을 제대로 섬기며 올바로 살아가도록 만백성에게 주어진 것이다. 율법을 지킴으로써 인생의 가치를 깨닫고 하나님과 이웃을 사랑하게 된다. 이 율법을 온전히 이루기 위해서는 생명의 법과 성령의 법이 필요하다. 예수가 십자가를 지고 피를 흘림으로써 율법의 모든 의를 이루었고, 보혜사 성령이 강림하여 우리를 인도하시기 때문이다. 그러므로 3,500년 전에 주어진 모세의 율법이 지금과 다소 맞지 않는 점이 있어도, 그 속에 내포된 취지와 정신만은 영원히 변하지 않으며, 그리스도 예수 안에 있는 생명의 법과 성령의 법이 우리를 올바로 인도할 것이다.

2 율법 의식은 성전에서 수행한 각종 제사나 절기의 행사 등이다. 바벨론 포로시대 전까지 모든 예전이 규정된 법과 순서에 따라서 엄숙

히 거행되었다. 그리고 예루살렘으로 귀환하여 성전을 복구한 후 다시 그 의식을 수행하였다. 그러나 70년 성전이 파괴되면서 의식을 주관하던 제사장과 레위인 등이 모두 사라지게 되었다. 예수의 십자가로 구속 사역이 완성되었던바, 그 예표로 수행한 제사나 행사 등이 모두 폐기되었기 때문이다.

3 율법주의는 지적이고 영적인 가치보다 외관이나 현상을 더 중요시하는 그릇된 방식이다. 오늘날 교회는 스테인드글라스 장식이나 성화, 성상, 성지, 수정 강대상, 긴 휘장, 높은 의자, 붉은 십자가 등 천주교 전례를 대부분 그대로 받아들여 사용하고 있다. 목회자의 가운이나 성가대의 복장, 성만찬을 위한 그릇 등도 화려하게 치장하여 사용한다. 미개한 부족의 사당이나 무당의 굿당을 방불케 할 정도로 요란하고 어지럽다.

게다가 호화로운 예배당과 정교한 음향 시스템, 본질보다는 절차를 중히 여기는 예배 의식, 봉사자의 요란한 의복, 현란한 노래와 춤까지 서슴없이 동원하기를 마다치 않는다. 이 모든 것이 우상을 숭배하는 이방 종교의 의식에서 비롯되었다. 희생과 봉사, 섬김과 나눔을 최고의 가치로 여기는 예수의 가르침이 아니다. 오히려 기독교의 정신을 훼손하고 품위를 떨어뜨리고 있다.

4 삼위일체 개념은 하나님이 세상을 구원하기 위해 트리오(trio)로 일한다는 표현상 기법이다. 피아노, 바이올린, 첼로에 의한 삼중주로서 환상적인 하나님의 하모니를 의미한다. 본질은 같으나 형상은 셋이며, 속성은 같으나 사역은 셋이며, 성품은 같으나 인격은 셋이라는 뜻이다. 아버지 하나님이 아들 예수를 구원자로 세상에 보내셨고, 아들 예

수는 아버지의 뜻에 따라 십자가에 달려 죽고 부활함으로써 구원자가 되었으며, 구원자 예수가 승천하여 보혜사 성령을 세상에 보내주었다는 말이다. 그래서 오늘날 교회가 성령을 받은 사람들에 의해 세워져 증인의 사명을 수행하고 있다.

5 삼위일체 교리는 하나님이 본질상 한 분이나 세 인격을 가지고 독립적으로 일한다는 논리이다. 성부와 성자라는 표현은 아버지와 아들의 친밀한 관계를 나타내며, 성령은 아버지의 영이자 아들의 영이다. 하나님은 만세전부터 스스로 계시는바, 속성상 누구를 낳거나 태어날 수 없다. 하나님을 제대로 알고 설명할 사람은 아무도 없다. 하지만 하나님은 인간의 이성이나 논리에 개의치 않는다. 사람의 관념으로 하나님이 설명된다면 그는 이미 하나님이 아니다. 그래서 어느 성경, 어느 기자도 삼위일체에 대해서 논하거나 언급하지 않는다.

6 삼위일체 비유는 성부와 성자와 성령의 하나님을 인간의 눈높이에 맞춰 비교하려는 시도를 말한다. 의도는 가상하지만 결코 쉬운 일이 아니다. 하나님의 세계와 인간의 세상은 차원이 다르다. 아무리 그럴싸한 비유를 들어도 완전할 수 없다. 성부가 성자를 낳았다는 것은 성부 아래 성자가 종속되므로 바르지 못하며, 하나님이 사역에 따라 셋으로 나타났다는 것은 한 인격이 사역에 따라 셋으로 바뀌었다는 뜻으로 역시 바르지 못하며, 한 본질이 역할에 따라 셋으로 갈라졌다는 것은 하나의 본질이 필요에 따라 1/3씩 분배되었다는 뜻으로 옳지 않으며, 성부와 성자와 성령의 세 하나님이 하나로 합쳐졌다는 것도 유일신과 배치되므로 역시 옳지 않다.

7 삼위일체 정체가 유일신 하나님을 주장하는 유대교나 이슬람교의 입장에서 보면 상당히 애매하고 어려울 수 있다. 하지만 기독교의 입장에서 보면 명운이 걸린 아주 중요한 문제이다. 기독교 없는 유대교는 있었으나 유대교 없는 기독교는 없었다. 기독교는 끝까지 유대교에 희망을 둘 수밖에 없다. 기독교의 삼위일체는 유대교의 유일신 하나님을 조금도 변질시키지 않았다. 그 이름을 훼손하거나 명예를 실추시킨 적도 없다. 세상을 구원하려고 삼위로 나타나 일체로 일하셨다는 사실을 드러낼 뿐이다. 이는 인간적 표현의 한계일 수도 있지만, 가장 효율적이고 능동적인 사역임에 틀림이 없다. 만군의 야훼 하나님이 유대교의 엘로힘이요, 이슬람교의 알라신이요, 기독교의 삼위일체 하나님이다.

8 십계명은 하나님이 2개의 석판에 손수 새겨주신 10가지 계명이다. 모세를 통해 인류에게 주신 최고의 규범이요, 만백성에게 허락된 최고의 헌법이요, 하나님의 천계명이다. 어느 백성 어떤 민족을 불문하고 모든 사람이 지킬 의무가 있다. 십계명 가운데 어느 것은 지켜야 하고 어느 것은 지키지 않아도 된다는 것은 말이 안 된다. 모든 계명이 내포하고 있는 유사 상황까지 다 지켜야 한다. 행위는 말할 것도 없고 내재된 정신까지 통제를 받아야 한다.

9 안식일은 누구나 반드시 지키라고 하나님이 명령하신 정기 휴일이다. 엿새 동안 열심히 일하고 하루를 거룩하게 구별하여 쉬어야 한다. 안식일 제도는 노예나 하인 등 약자의 인권을 보호하기 위해 주어졌다. 그 취지와 정신을 되살려 지금도 철저히 지켜야 한다.

당시 모세의 율법에 따라 안식일 준수가 더욱 엄격해진 것은 하나님의 은혜를 기억하고 감사하라는 뜻이다. 하나님의 은혜에 대한 성도의 응답은 감사함으로 순종하고 기도하는 것이다. 감사는 하나님의 은혜를 풍성히 누리는 방편이며, 순종은 성도의 절대적 의무로서 축복의 통로이며, 기도는 성도로서 섬김과 나눔의 도리를 다하는 것이다.

그러나 율법의 조문에 얽매인 옛사람들은 안식일의 제정 취지와 정신을 제대로 이해하지 못했던바, 안식일 규정을 지킨다는 명분으로 온갖 세부규정까지 만들어 오히려 안식을 훼방하는 결과를 초래하였다. 그래서 예수가 말하였다. '안식일이 사람을 위하여 있는 것이지, 사람이 안식일을 위하여 있는 것이 아니다.'

04. 예배

1 예배는 하나님을 기쁘시게 하고 이웃과 더불어 즐거워하는 사랑의 축제이다. 다과회나 애찬 등으로 서로 교제하며 나눔을 실천해야 한다. 예배 의식은 예배에 따른 절차나 방식 등을 말한다. 종파나 계파에 따라 다르고 인도자에 따라 다소 다를 수 있다. 특별히 정해진 방법은 없으나 영과 참으로 드려야 한다. 예배 방법은 찬양과 기도, 말씀과 설교 등을 효율적으로 배치하여 은혜를 돋우기 위한 방편이다. 은혜시대를 맞아 보다 자유로운 분위기가 조성되었으나 예배자의 마음가짐만은 항상 반듯해야 한다. 예배를 주관하는 사람은 다른 사람을 저주하거나 판단해서는 안 된다. 아무도 그럴 자격이 없다. 누구를 저주하거나 판단하는 순간 사탄의 올무에 걸리게 된다.

2 사도신경은 사도들의 가르침이 담긴 신앙 고백서로서 12사도가 작

성하여 사용한 것으로 짐작된다. 하지만 그에 따른 확실한 증거는 없다. 2세기 교회의 세례문답서 등에서 발견되며, 10세기경 서방교회에서 공식적으로 채택하여 사용하고 있으나 동방교회는 인정하지 않는다. 천주교의 뿌리를 가진 개신교도 받아들여 사용하고 있다.

3 히브리어 할렐루야(Hallelujah)나 그리스어 또는 라틴어 알렐루야(Alleluia)는 '당신의 하나님을 찬양하라!'는 뜻이다. 매우 깊고 숭고한 뜻을 가지고 있어 아멘과 더불어 세계 공용어로 사용한다. 다른 언어로 해석하거나 번역할 경우 원래의 뜻이 희석되거나 변질될 우려가 있기 때문이다.

4 아멘(Amen)은 '내가 믿습니다!' '전적으로 동의합니다!'라는 신앙고백이 담긴 히브리어 '아만'에서 유래하였다. 상대방의 말을 시인하거나 동의 또는 신뢰한다는 말이다. 아멘이 문장 가운데 부사로 쓰일 때는 '진실로' '확실히'라는 뜻이고, 기도나 찬양이 끝난 다음에 사용하면 '정말 그렇습니다!' '동의합니다!'라는 뜻이며, 기원문 다음에 쓰면 '그렇게 이루어지기를 빕니다!'라는 뜻이다.

5 집회는 여러 사람이 동일한 목적을 가지고 일정한 장소에서 정기적으로 갖는 모임이다. 한 공동체 안에서도 모든 가족이 다 모이는 집회가 있는가 하면, 지역이나 성별, 연령 등으로 구분된 작은 모임도 있고, 각자의 은사나 취미, 개성 등에 따라 자치적으로 조직된 소그룹 모임도 있다.

6 교제는 그리스도 안에서 자유로운 만남을 통해 서로 사귀는 것이

다. 성도의 교제는 그리스도와 그리스도인, 그리스도인과 그리스도인 간의 아름다운 만남을 통해 이루어진다. 사람은 서로 만남을 통해 알게 되고 교제도 한다. 부모와 자녀, 형제와 자매, 스승과 친구, 남편과 아내가 모두 만남을 통해 관계가 형성된다. 부자간의 사랑이나 형제자매의 우애, 스승이나 친구의 우정, 연인 사이의 애정 등도 다 만남에서 비롯된다.

7 예언은 하나님의 뜻이 사람에 의해 드러나거나 전달되는 일이다. 이로써 하나님의 뜻을 알게 되고, 죄를 깨닫게 되며, 사람의 속마음이 드러나게 된다. 초대교회에서 예언은 하나님의 뜻을 전하여 성도를 권면하고, 공동체를 바로 세우는 역할을 하였다.

8 방언은 보통 사람이 알아듣지 못하는 신비한 언어이다. 외국어도 있고 그렇지 않은 것도 있지만 반드시 통역할 수 있어야 한다. 하지만 오늘날 방언은 외국어도 아니고 통역이 가능하지도 않다. 성경에 기록된 방언이 아니라는 방증이다. 그래서 어떤 사람은 비성경적 방언을 교회에서 금해야 한다고 주장한다. 하지만 각자 나름대로 주님과 교통하며 은혜를 받는다는 사실을 감안할 때, 성경 밖의 새로운 방언이라고 보는 것이 타당하다. 하나님의 은사는 매우 다양하므로 굳이 성경에 나타난 것에만 국한할 필요는 없다고 본다. 바울이 모든 은사를 전수 조사하여 성경에 기록했다고 보기는 어렵기 때문이다.

9 금식은 식음을 전폐하는 일이다. 보다 순수하고 깨끗한 몸과 마음으로 하나님과의 진지한 만남을 통해 사명을 수행하겠다는 다짐에서 비롯된다. 따라서 기도가 병행되지 않는 금식은 단지 굶는 것이다. 성

예수 팩트

경은 의례적 금식을 경고하며 위선적 모든 행위를 단호히 배격한다.

10 구제는 무슨 재해나 사고로 어려움을 겪거나 생활고에 시달리는 사람들을 돕는 일이다. 유대인의 신앙 가운데 가장 중요한 덕목이다. 그들은 3년마다 십일조를 따로 떼어 구제하라는 말씀에 따라 오랫동안 지켜오고 있다. 구제를 좋아하는 집에는 경사가 있기 마련이다.

11 봉사는 가난한 이웃을 돕기 위해 헌신하고 충성하는 일이다. 어느 때는 귀찮음을 동반하지만 반드시 선한 열매를 맺는다는 특징이 있다. 예배를 위한 봉사, 성도를 위한 봉사, 이웃을 위한 봉사 등이 있다. 예배 봉사는 찬양과 설교 등이고, 성도 봉사는 섬김과 나눔 등이며, 이웃 봉사는 전도와 구제 등이다.

12 악단은 음악을 연주하기 위해 풍금이나 피아노, 오르간, 기타 등의 연주 장비나 도구를 갖춘 단체이다. 신약시대에 악기를 사용하여 예배를 드렸다는 기록은 없으나, 구약시대에는 현악기와 관악기, 타악기 등으로 하나님을 찬양하는 조직이 있었다. 그렇게 구성된 악단을 성가대라 불렀으며, 엄숙한 분위기가 요구된 제사 의식에는 현악기로 제한하였다. 그러나 절기와 축일에는 현악기와 관악기, 타악기 등 모든 악기로 축제 분위기를 고조시켰다.

13 찬양은 하나님의 영광을 위해 시를 읊거나 노래하는 일이다. 하나님의 은혜에 감사하여 자연스럽게 우러나오는 감정의 표현이다. 찬양에는 가락에 맞춰 부르는 찬송과 시를 읊는 찬미가 있다. 찬송은 노래로 신앙을 고백하며 감사하는 것이요, 찬미는 시를 읊어 하나님

의 영광을 드러내는 것이다. 찬양대는 성가를 부르는 동아리로 성가대 또는 합창단이라 한다. 회중의 불협화음을 한목소리로 유도하여 경건한 예배 분위기를 조성한다.

05. 신앙

1 믿음은 예수를 자신의 구주로 영접하여 영원히 함께 사는 것이다. 그리스도를 제대로 알고 올바로 믿어 풍성히 누리는 일이다. 예수를 주인으로 인정하고 하나님의 약속에 따라 구원의 은혜를 받아 누리는 것이다. 인생에서 이보다 더 크고 중요한 일은 없다. 하나님을 전적으로 신뢰하고 예수와 더불어 사는 것, 정말 기쁘고 즐거운 일이다. 그러므로 말로만 예수를 믿는다고 하면 너무 애매하다. 신앙은 반드시 알고 믿어 누림이 동반되어야 한다. 아는 것이 믿음이요, 믿는 것이 누림이요, 누리는 것이 앎이다. 사람이 모든 것을 다 알고 믿어 누릴 수는 없지만, 그래도 하나님이 계시하신 범위 안에서 어느 정도 알 것은 알아야 믿을 수 있고, 믿어야 제대로 누릴 수 있음은 두말할 나위가 없다.

2 믿음의 본질은 예수를 믿음으로 의롭게 되고 구원을 받는다는 사실, 본디부터 가지고 있는 믿음의 성질이다. 개구리가 올챙이 시절을 모르고 올챙이가 개구리 시대를 모르듯, 믿음의 성질도 그와 비슷하다. 예수를 믿는다고 하면서도 바로 알지 못해 제대로 믿지 못하고, 제대로 믿지 못해 온전히 누리지 못하는 사람이 너무 많다는 것이다. 그들은 찬송과 기도, 봉사와 헌금 등을 믿음의 본질로 여기며 열심을

　예수 팩트

내지만, 실상은 믿음의 흉내를 낼 뿐이다. 예수가 바로 믿음의 본질이요, 주체요, 핵심이다. 이 사실을 알지 못해 믿지 못하고, 믿지 못해 누리지 못하는 것이다. 그러므로 자신의 삶으로 예수의 인생을 드러내지 못하는 사람은 참으로 곤란하다. 길이요, 진리요, 생명이신 예수 그리스도를 자신의 인생으로 육화시켜야 한다.

3 신앙은 피조물 사람이 창조주 하나님을 경외하고 복종하는 삶이다. 사람의 생체 구조상 아무도 피할 수 없으며 누구나 하나님을 찾아 섬기기 마련이다. 사람이 아무리 부인해도 죽을 때가 되면 스스로 하나님을 찾게 된다. 이를 임사호천이라 한다. 그러므로 주님의 은혜로 구원받은 사람은 자연히 하나님을 의지하며 감사하게 된다. 오늘날 편의주의에 따른 다원주의, 물질주의에 따른 기복주의, 지식과 경험에 의지하는 인본주의, 미신에 입각한 원시주의, 자신의 이익만 추구하는 이기주의 등은 신앙과 거리가 멀다.

4 신앙 체험은 예수를 구주로 영접한 사람에게 나타나는 공통적이고 실체적 현상이다. 기독교는 체험의 종교다. 신자는 누구나 예수를 인격적으로 만나야 하며, 반드시 자신의 주님으로 영접해야 한다. 그래야 기도와 묵상, 환상과 꿈 등으로 진지한 교통이 가능해진다.

5 이신득의는 죄를 용서받고 의롭게 되는 것이 무슨 행위나 공로가 아니라, 예수의 피에 의한 대속의 은총을 믿고 받아들임으로써 가능하다는 이론이다. 오직 믿음으로 의롭게 된다는 이 교리는 BC 8세기 호세아에 의해 발의되고, AD 1세기 바울에 의해 도입되어, 16세기 개혁자들에 의해 정착되었다. 따라서 믿음으로 구원을 받고 행함으로

상급을 받는다는 논리는 배타적이 아니라 보충적이다. 그래서 바울은 믿음으로 의롭게 되며, 야고보는 행함이 없으면 죽은 믿음이라고 하였다. 이렇듯 믿음과 행함은 동전의 앞면과 뒷면 같고, 손바닥과 손등 같아서 나눠지지 않는다. 서로 분리되는 순간 이미 그 본질을 상실하게 된다. 믿음으로 의롭게 되고 행함으로 열매를 맺는 것인바, 믿음은 믿지 않는 사람에게 꼭 필요하고, 행함은 믿는 사람에게 매우 중요하다.

6 목자는 문자적으로 목축업에 종사하는 양치기를 말한다. 구약시대는 하나님을, 신약시대는 예수를 상징하였다. 이스라엘 지방은 비가 적은 광야와 산지가 대부분이다. 이런 지역적 특성으로 농업보다 목축업이 발달하였다. 목축업 중에서도 번식력이 강하고 젖과 고기, 털을 모두 제공하는 양을 대량으로 방목하였다. 그래서 아담, 아벨, 셋, 노아, 셈, 아브라함, 이삭, 야곱, 그리고 이스라엘 12지파의 족장이 모두 양치는 목자였으며, 이스라엘 백성을 이집트에서 인도한 모세도 목자였고, 성군이라 일컫는 다윗도 목동 출신이었다.

7 영접은 예수를 구원자로 맞아들여 하나님의 자녀가 되는 일이다. 신앙은 믿음과 신뢰를 동반하고, 믿음은 내적 확신을 넘어 예수를 자신의 주인으로 맞이하는 것이다. 이 과정과 절차는 사람마다 다르고 특별히 정해진 것은 없으나, 반드시 자신의 의지로 동의하고 구원자를 영접해야 한다. 그러자면 우선 예수가 누구이며, 왜 주님으로 영접해야 하는지에 대한 기본적 이해가 필요하다. 예수가 누구인지도 모르는 사람에게 무턱대고 믿고 영접하라며 강요할 수는 없다. 예수는 포도나무요, 우리는 그 가지다. 가지가 나무에 붙어있어야 열매를 맺듯이, 우리도 예수 안에 머물러 있어야 한다. 나무의 영양분을 받아 풍

성한 열매를 맺는 가지는 농부를 기쁘게 하지만, 나무에서 떨어진 가지는 바싹 말라 불구덩이 속으로 던져질 뿐이다.

8 임마누엘은 히브리어로 '하나님이 우리와 함께 계시다'는 뜻의 메시아, 곧 예수의 다른 이름이다. 예수가 태어나기 750년 전에 이미 이사야를 통해 예언되었다. '그러므로 여호와께서 직접 너희에게 표적을 주실 것이다. 처녀가 임신하여 아들을 낳을 것이며, 그 이름을 임마누엘이라 부를 것이다.'

9 주는 만유의 주재라는 뜻이다. 주인, 임금, 보호자, 후견인 등의 다양한 뜻이 있다. 이스라엘 백성은 하나님이 알려주신 '야훼(여호와)'라는 이름을 부르기가 두려워 '주(아도나이)'라고 불렀다.

제2편
예수에 대하여

06. 예수

1 예수는 성육신한 하나님의 아들로서 하나님과 똑같은 분이다. 아버지의 뜻에 따라 세상에 와서 만유를 구원한 구세주요, 인류를 구원한 구주이다. 만세전부터 하나님과 함께 있었으며, 하나님과 더불어 우주 만물을 창조하였다.

2 예수의 구속은 자기 피로 죄인의 죗값을 치르고 의롭게 하여 하나님의 자녀로 삼는 일이다. 예수의 십자가는 인류의 죄를 말끔히 도말한 속죄의 사건이었다. 인류의 구원을 위한 하나님의 원대한 계획에서 비롯되었는바, 이제 예수를 구원자로 믿고 받아들이는 사람은 누구나 구원을 얻게 되었다.

3 예수의 대속은 친히 십자가에 달려 피를 흘림으로써 사람의 죗값이 완전히 청산되었음을 의미한다. 대속의 문자적 의미는 노예의 몸값을 대신 지급하고 해방시키는 속전을 말한다. 이스라엘을 비롯하여

대부분의 고대 국가가 노예를 사고파는 일을 합법적으로 인정하였는바, 노예의 몸값을 지급하면 당연히 그 소유권을 취하게 되었으며, 노예는 새 주인의 소유물로서 재산 증식의 수단이 되었다. 그렇게 속전을 지급하고 노예를 해방시키는 행위를 대속, 구속, 속죄, 속량이라 한다. 성경은 예수의 죽음이 죄인의 죗값을 대신한 속전의 사건임을 분명히 밝히고 있다.

4 예수의 모습은 얼굴이나 생김새가 아니라 그 인격과 품성을 말한다. 예수를 믿음으로 영접한 사람에게는 그리스도의 모습이 엿보이게 된다. 그리스도인에게 예수의 모습이 보이지 않으면 정말 곤란하다. 새로운 피조물은 창조주의 형상을 따라 끊임없이 발전하며 참된 지식을 얻는다.

5 예수의 부활은 십자가에 달려 죽었다가 영원히 썩지 않는 신령한 몸으로 다시 살아난 사건이다. 부활은 죽었다가 살아나 다시 죽지 않고 영원히 살아야 한다. 다시 죽으면 소생한 것이지 부활한 게 아니다. 예수의 부활은 인류 역사상 전대미문의 대사건이었다. 일찍이 엘리야에 의해 살아난 사르밧 과부의 아들이나 엘리사에 의해 살아난 수넴 여인의 아들, 엘리사의 무덤에 던져졌다가 살아난 시체의 주인공은 소생한 것이다. 모두 생로병사의 과정을 거쳐 다시 죽었기 때문이다. 예수에 의해 살아난 나인성 과부의 독자나 회당장 야이로의 외딸, 마르다와 마리아의 오라비 나사로도 소생하여 부활의 전조를 보였을 뿐이다.

6 예수의 비하는 하나님의 아들이 신적 권위를 내려놓고 비천한 사

람의 아들로 태어나 세상에서 겪은 온갖 수난을 말한다. 예수는 외양간에서 태어나 여물통에 눕혀졌으며, 8일 만에 할례를 받고 성전에 올라가 하나님께 바쳐졌다. 생명의 위협을 받고 이집트로 피난을 떠났으며, 일찍 아버지를 여의고 가업을 이어받아 석공이 되었으며, 가난한 생활을 하면서 어머니와 동생들을 부양하였다. 아무도 지킬 수 없는 율법에 스스로 복종하였고, 창조주로서 피조물에게 모욕을 받았으며, 수많은 군중 앞에서 조롱과 수치를 당했고, 자기 제자에게 배신의 쓴맛도 보았다. 동족의 시기로 십자가형을 받았고, 치가 떨릴 만큼 모진 채찍을 맞았으며, 가시관을 쓰고 십자가에 못 박혀 죽었다. 죽은 뒤에도 창으로 옆구리가 찔렸으며, 인간의 무덤에 장사되어 죽음의 권세에 굴복하였다.

7 예수의 상급은 때가 되면 모든 성도에게 주는 보상이다. 불가불 차등은 있겠으나 모든 사람이 만족할 것이다. 그리스도 안에서의 차등은 세상의 기준일 뿐이다. 그때 악인은 머리를 들지 못하고 죄인은 의인 가운데 들지 못할 것이다. 그래서 이사야가 말하였다. '만군의 주 하나님께서 오신다. 그가 권세를 잡고 친히 다스리실 것이다. 보라, 그가 백성에게 주실 상급을 가지고 오신다. 백성에게 주실 보상을 가지고 오신다.'

8 예수의 상징은 그리스도의 이미지나 성품을 암시하는 물건 또는 글귀 등을 말한다. 메시아는 '기름 부음 받은 자'라는 뜻으로 구세주를, 십자가는 그리스도의 고난과 대속의 죽음을, 알파와 오메가는 영원부터 영원까지 역사를 주관하는 창조주를, 익투스(IXTUS)는 '예수 그리스도 하나님의 아들 구세주'라는 그리스어 첫 글자로 물고기를,

예수 팩트

인리(INRI)는 '유대인의 왕 나사렛 예수'의 라틴어 첫 글자로 십자가에 쓰인 예수의 죄목을, 키로(XP)는 그리스어 '크리스토스'의 처음 두 글자로 예수의 직분을, 호산나는 '지금 우리를 구원하소서!'라는 시편 118편 25절의 말씀으로 구원자를 상정한다.

9 예수의 속죄는 십자가 사건으로 인류의 죄가 모조리 용서되었다는 뜻이다. 예수의 죽음으로 인류의 형벌이 몽땅 면제된 것이다. 죄와 허물로 인해 죽을 수밖에 없는 사람들을 대신하여, 예수가 십자가에 달려 죽음으로써 모든 죄가 용서되고 하나님과 화목하게 되었는바, 이를 믿고 받아들이면 누구나 구원을 받는다는 말이다. 이렇듯 예수의 속죄는 만유를 포함하였으나, 예수를 자신의 구원자로 받아들이지 않으면 여전히 구원의 울타리 밖에 머물게 된다. 만인에게 선포된 구원의 선물을 받지 않고 스스로 거절한 탓이다. 아무리 좋은 선물이 주어져도 본인이 사양하면 아무 소용이 없다.

10 예수의 승귀는 사람의 아들로 낮아진 하나님의 아들이 다시 높아진 일이다. 죽었다가 3일 만에 부활하여 40일 동안 여러 사람에게 나타났으며, 그들이 지켜보는 앞에서 승천하였으며, 지금은 하나님의 우편에 앉아 모든 성도와 교회를 보살피며, 때가 되면 심판주로 재림할 것이다.

11 예수의 승천은 죽음에서 부활하여 제자들이 지켜보는 앞에서 하늘로 올라간 사건이다. 교회는 예수의 부활을 기념하여 부활절로 지키고, 승천을 기념하여 승천일로 지킨다. 예수의 부활이 역사적 사실이듯, 예수의 승천 또한 역사적 사실임을 드러내고 있다. 그래서 천사가

말하였다. '갈릴리 사람들아, 어찌하여 하늘만 쳐다보고 있느냐? 너희를 떠나 하늘로 올라간 예수는 너희가 본 그대로 다시 오실 것이다.'

12 예수의 신성은 처음부터 보유한 하나님의 성품이다. 하나님의 아들이 사람의 아들로 세상에 태어난 것이다. 예수의 성육신은 세상을 구원하기 위해 불가불 취할 수밖에 없는 관문이었다. 사실 하나님의 아들이 시간의 역사와 물질의 공간 속으로 들어온 이유는, 죄인을 구원하여 하나님의 나라를 세우기 위한 방편이었다.

13 예수의 심판은 때가 되면 재림하여 모든 사람을 선악 간에 판단하는 마지막 재판이다. 산 자와 죽은 자, 믿는 자와 믿지 않는 자가 모두 대상이다. 노아 시대는 홍수로 심판하였고, 이스라엘 백성이 이집트를 탈출할 때는 10가지 재앙으로 심판하였다. 하나님의 심판은 공의에 따라 행하는 통치 행위이다. 이제 마지막 남은 심판은 예수가 주관할 것이다. 하나님이 그 모든 권한을 예수에게 맡기셨다.

14 예수의 이름은 '하나님은 구원이시다'라는 뜻이다. 예수의 수태를 고지한 가브리엘 천사가 일러주었다. 구약의 여호수아 또는 호세아와 같은 말이다. 그러므로 예수의 이름으로 찬양의 제사를 드리자. 하나님의 이름에 감사하는 입술의 열매이다.

15 예수의 인생은 사람의 아들로 지상에서 지낸 시간을 말한다. 모든 인생의 가장 이상적 모델이다. 예수에 의해, 예수를 위해, 예수의 인생을 사는 사람은 정말 행복하다. 이것이 최선의 길이다. 예수를 최고의 모델로 삼아 살아가는 사람은 예수와 함께하는 삶을 가장 큰 기

뻠으로 여긴다.

16 예수의 인성은 사람의 아들로 살면서 보여준 인간성이다. 예수는 하나님의 신성과 사람의 인성을 동시에 가지고 있었다. 예수가 성육신할 때까지 하나님을 본 사람은 아무도 없었다. 하나님의 아들이 사람의 육신을 입고 세상에 나타남으로써, 그 신성과 인성이 모두 드러나게 되었다. 예수는 왕과 제사장과 예언자로서, 하나님의 아들과 사람의 아들로서, 만유의 구세주로서, 하나님의 속죄양으로서 세상에 태어났다.

17 예수의 일생은 지상에서 생활한 33년간의 생애를 말한다. 아버지 요셉의 가업을 이어받아 석수로 살다가 3년간 공생애를 수행하였다. 예수는 만유를 포함한 구원자요, 역사의 주역이요, 성경의 주인공이다. 주 예수 그리스도라는 호칭이 그 사실을 여실히 드러내고 있다.

18 예수의 재림은 언젠가 때가 되면 다시 지상으로 강림할 사건이다. 예수의 재림에 대한 약속은 신약성경에 300회 이상 언급되었다. 사도들의 서신과 천사들의 증언, 그리고 예수 자신도 친히 밝혀왔다. 이는 그리스도인에게 고난을 이길 수 있는 힘을 준다.

19 예수의 족보는 아브라함과 다윗의 자손으로 태어난 혈통과 역사를 기록한 것이다. 족보는 동서고금을 떠나서 어느 시대 어떤 민족에서나 찾아볼 수 있다. 처음에는 종족의 혈통 관계를 보존하고 증명하는 목적이었으나, 나중에는 국가와 민족을 위해 공을 세운 조상의 지위나 권위를 드러내는 수단으로 활용되었다. 하지만 예수의 족보는 명

문대가의 계보가 아니다. 오히려 천박하고 비천한 가문의 가계도에 가깝다. 예수의 조상은 우상을 숭배한 죄인들로 가득하며, 미천하고 부도덕한 여인들도 많다.

20 예수의 죽음은 생물학적으로 목숨이 끊어지고 육신의 호흡이 정지된 상태를 말한다. 참으로 비참한 일이었으나 영광의 부활을 위해 불가피한 과정이었다. 예수의 십자가는 아무도 부인할 수 없는 역사적 사건으로서, 그 죽음이 평범하지 않았다는 사실도 누구나 인정한다. 세상을 구원하기 위한 대속의 죽음이었기 때문이다.

21 예수의 중보는 죄인을 대신하여 피를 흘림으로써 모든 사람의 죄가 용서되었는바, 하나님과 사람이 화목하게 되었다는 뜻이다. 사람은 누구나 조상이 지은 죄의 뿌리를 가지고 태어나며, 또 죄를 짓고 살다가 죄 가운데 죽을 수밖에 없다. 하지만 죄인이 스스로 죄를 씻을 수 없고, 죄 없는 사람은 하나도 없다. 그래서 그 죄를 씻어줄 중보자가 필요한 것이다. 예수는 유일한 중보자로서 하나님과 죄인의 화해를 주선하였다. 하나님은 그 아버지가 되고 죄인은 그 자녀가 된다. 예수를 구원자로 받아들임으로써 맺어지는 인류 최대의 화해이다. 그리스도인에게 주어진 특권 중의 특권이다. 하나님이 예수를 중보자로 세상에 보내셨고, 예수는 사람이 지킬 수 없는 모든 율법의 저주를 폐기하고 사망의 권세까지 무력화시켰다.

22 예수의 직분은 그리스도(Christ)로 '기름 부음 받은 자'라는 뜻이다. 히브리어로 메시아(Messiah), 그리스어로 크리스토스(Kristos), 한문으로 기독(基督), 한국어로 구주 또는 구세주이다. 당시 왕과 제사장

과 예언자에게 기름을 부었다. 따라서 예수는 만왕의 왕으로, 만민의 대제사장으로, 만인의 예언자로 세상에 태어났다. 6,000년 전부터 예언된 메시아로서 2,000년 전에 비로소 그리스도로 왔으며, 그때부터 역사의 기원이 시작되었다.

23 예수의 출생은 하나님의 아들이 사람의 아들로 태어난 역사적 사건이다. 예수는 만세전부터 하나님과 함께하다가 숫처녀의 몸을 빌려 태어났는바, 생물학적 관계로 출생한 여자의 아들이 아니다. 성령으로 잉태하여 인류 역사상 유일하게 죄가 없었다. 이는 세상을 구원하기 위해 꼭 필요한 과정이었다.

24 예수의 피는 세상을 구원하기 위해 아낌없이 흘린 구세주의 보혈이다. 모든 사람의 생명을 대신한 속죄의 피였다. 고대인은 핏속에 생명이 있다고 믿었다. 그래서 피 뿌리는 제사를 드렸고, 피 흘림이 없으면 죄 사함도 없었으며, 죄지은 사람이 짐승을 잡아 그 피를 뿌리는 제사를 드렸다. 그때 흘린 짐승의 피가 죄인의 죄를 대신하였던 것이다. 그러나 사람의 죄는 끝없이 반복되었고, 동물에 의한 대속의 피는 한없이 흘릴 수밖에 없었다. 그래서 예수가 그 고리를 끊기 위해 자신의 피로 단번에 완전한 제사를 드렸던 것이다. 그러므로 이제는 그 어떠한 피도 더 이상 필요치 않게 되었다. 예수의 피가 온 세상의 죄를 영원히 대속하였기 때문이다.

25 예수의 현현은 부활하여 40일 동안 세상에 머물며 여러 사람에게 나타난 현상을 말한다. 예수는 생전의 모습을 그대로 간직하고 있었으며, 불가불 썩지 않을 몸으로 신령하게 변화되었다. 그래서 시간

과 장소에 구애받지 않고 제자들에게 나타나 위로와 격려를 아끼지 않았으며, 그때마다 필요한 사명도 주었다.

07. 복음

1 구원은 예수 그리스도를 믿음으로 의롭게 되어 죄와 사망의 늪에서 벗어난 사람의 모습이다. 예수를 주인으로 모시고, 성령의 인도를 받으며, 하나님의 뜻대로 사는 것이다. 사탄의 함정에서 빠져나와 하나님의 나라에서 평화를 누리는 것이다. 예수는 매사의 길이요, 만사의 진리요, 영원한 생명이다.

2 구원의 방법은 사람마다 조금씩 다를 수 있다. 각자의 성격이나 사정 또는 형편에 따라서 하나님이 그 방법이나 절차 등을 달리 적용한다는 말이다. 하나님이 모든 것을 고려하여 최선의 방법을 선택하시는 것이다. 그러므로 구원은 전적으로 하나님의 은혜이다. 하지만 사람의 잘못된 의지로 그 구원의 대열에서 이탈할 수도 있다. 모든 사람이 죄를 범하여 죽음에 이르게 되었는바, 그리스도 안에 있는 영원한 생명을 얻으려면 반드시 예수를 구원자로 맞아들여야 한다. 이 믿음은 하나님의 선물이며 예수를 자신의 주인으로 모시는 것이다. 구원받은 사람은 그리스도 안에 있는 참 자유와 평화와 기쁨을 누리게 된다. 그 어떤 피조물도 예수 안에 있는 하나님의 사랑에서 끊을 수 없다.

3 대속의 은총은 예수가 십자가에 달려 죽음으로써 사람의 죄를 용서하신 하나님의 은혜와 사랑이다. 출애굽 당시 이스라엘 백성이 어

린 양을 잡아 그 피를 문설주에 바름으로써, 죽음의 사자가 이스라엘 땅을 넘어간 데서 그 유래를 찾을 수 있다. 이후 유대인은 유월절마다 어린 양을 잡아 희생 제물로 드렸는바, 그 양을 속죄양이라 불렀다. 죄인의 구원을 위해 대신 피를 흘리고 죽은 예수를 상징하였다.

4 만인제사장은 예수의 죽음으로 모든 사람에게 속죄의 은총이 미쳤는바, 그동안 동물을 잡아 드리던 제사가 폐지되고 믿음으로 구원이 보편화되었다는 이론이다. 아울러 죄인을 대신하여 제사를 드리던 인간 중보자도 사라졌다. 그래서 바울이 말하였다. '하나님은 한 분이시요, 하나님과 사람 사이의 중보자도 한 분이시니, 곧 사람이신 그리스도 예수이십니다.'

5 복음은 예수가 구원자로 세상에 태어났다는 인류 역사상 가장 기쁜 소식이다. 예수의 피로 모든 사람의 죄가 용서되고, 예수의 부활로 인류의 구원이 이루어졌다는 것이다. 그래서 예수가 말하였다. '때가 찼고 하나님의 나라가 가까이 왔으니, 회개하고 복음을 믿어라.'

6 성화는 그리스도인이 예수의 거룩한 성품으로 닮아가는 과정이다. 예수를 믿음으로 의롭게 되고, 성령이 충만함으로 성화하게 된다. 예수를 믿고 거듭난 사람도 육신의 법과 성령의 법, 사망의 법과 생명의 법을 오가며 내적 갈등을 겪는다. 그러면서 한 걸음 한 걸음씩 그리스도의 장성한 분량까지 자라간다.

7 영생은 예수를 믿음으로 의롭게 된 사람이 받아 누리는 최고의 특권이다. 모든 사람이 죄인인바 하나님의 준엄한 심판은 피할 수 없지

만, 예수를 믿고 구원받은 사람은 그 믿음의 의로 징벌의 심판에서 벗어날 수 있다. 영생은 믿음의 열매요, 믿음은 회개에서 출발한다. 누구나 하나님 앞에서 죄인임을 고백하여 죄를 용서받고, 예수를 구원자로 영접하여 의롭게 되어야 한다. 그때 비로소 천상천하 최고의 선물인 영생을 받아 누리게 된다.

8 영화는 조금도 부족함 없이 모든 것이 넉넉하여 최고로 충만한 상태이다. 예수 그리스도 안에서 하나님의 은혜를 마음껏 받아 풍성히 누리는 모습이다. 사람은 누구나 자신의 죄를 고백하고 예수를 구원자로 맞아들여야 한다. 그래야 죄를 용서받고 의롭게 되어 하나님의 자녀로서 살아갈 수 있다. 신실한 하나님의 자녀만이 성화의 길을 걸으며 하나님을 영화롭게 한다.

9 의는 하나님의 본성에 따라 반드시 갖춰야 하는 성도의 덕목이다. 불의와 함께할 수 없는 하나님의 속성으로 누구나 의롭게 되어야 한다. 하나님이 세상을 지극히 사랑하여 독생자를 보내주었는바, 예수를 구원자로 믿고 받아들이는 사람은 누구나 의롭게 된다. 사람은 자기 행위나 공로로 의롭게 될 수 없다. 반드시 중보자 예수를 자신의 구원자로 맞아들여야 한다.

10 죄 고백은 마음속에 숨겨둔 잘못을 솔직히 털어놓는 일이다. 자신의 과오에 대한 시인이요, 책임을 지겠다는 용기이다. 삶의 방향을 180도 바꿔서 다시는 죄를 짓지 않겠다는 다짐이다. 진정한 고백은 자신의 책임을 남에게 전가하지 않고 스스로 감수하는 것이다. 사람은 누구나 죄를 지을 수밖에 없고 항상 죄를 지으며 살아간다. 의인

은 자신의 죄를 인정하고 고백하는 반면, 죄인은 그 죄를 남에게 전가하고 회피한다. 악인은 자신의 잘못에 대해 책임을 지기는커녕, 오히려 남을 헐뜯고 깎아내림으로써 그 허물을 덮으려고 한다.

11 죄 용서는 예수를 믿음으로 누구나 받게 되는 하나님의 선물이다. 예수가 흘린 보혈의 공로로 모든 사람의 죗값이 치러졌음을 의미한다. 우리가 죄 없다고 하면 스스로 속이는 자가 된다. 예수는 우리의 죄를 속량하기 위해 화목 제물로 세상에 왔으며, 온 세상의 죗값을 대신 치르기 위해 십자가에 달려 죽었다. 의인은 세상에 하나도 없는 바, 누구나 예수를 믿음으로 죄를 용서받고 의롭게 되어야 한다.

12 중생은 육의 사람이 영의 사람으로 다시 태어나는 일이다. 예수 그리스도를 믿음으로 가능하다. 죄인이 의인으로 거듭나는 것, 아담의 죄로 죽은 사람이 예수의 피로 다시 사는 것이다. 예수를 믿고 거듭난 사람만이 체험하는 신비로서 이성적 논리나 학문적 대상이 아니다. 인생의 의미를 상실한 사람이 그 진가를 되찾는 일이다. 누구든지 그리스도 안에 있으면 새로운 피조물이다.

13 회개는 머리로 깨달은 잘못을 가슴으로 뉘우치고, 입술로 시인하여 고백함으로써 온몸으로 고치는 일이다. 진정한 회개는 잘못된 생각을 고쳐먹고 인생의 방향을 완전히 바꾸는 것이다. 죄악으로 얼룩진 생활을 깨끗이 청산하고 새로운 인생길을 걸어가야 한다. 따라서 회개는 사탄의 어두컴컴한 세상에서 빠져나와 하나님의 밝고 환한 세계로 들어서는 관문이다.

14 회심은 자신의 잘못을 뉘우치고 마음을 바꿔먹는 일련의 과정이다. 성령의 감동으로 일어나 사람의 의지로 실현된다. 성령의 감동이 일어날 때 자신의 의지로 적극 동의하고 순종해야 한다. 그래야 회개의 관문을 통과하고 믿음의 길로 들어설 수 있다.

08. 성령

1 성령은 신령한 인격체로서 하나님의 영이자 예수의 영이다. 하나님과 예수와 성령은 삼위일체로 한 본질이다. 성령의 역할은 예수의 사역 안에 있고, 예수의 사역은 하나님의 경륜 안에 있다.

2 성령 강림은 신령한 영이 성도에게 임하는 일이다. 예수가 승천하면서 보내주기로 약속한 보혜사이다. 이스라엘 백성은 첫 열매로 보리를 추수하여 하나님께 바쳤다. 시내산에서 율법을 받고 하나님과 선민 계약을 맺었다. 이날들을 기념하기 위해 오순절로 지켰다. 오순절은 유월절 이후 50일째로 보리를 수확하여 바치는 맥추감사절과 율법을 받은 날을 동시에 기념하였다. 바로 이 절기에 보혜사 성령이 강림하였다.

3 성령 세례는 예수를 인격적으로 영접할 때 순간적으로 일어나는 영적 연합이다. 예수가 승천할 때 약속한 보혜사로 모든 성도에게 임하는 선물이다. 따라서 성령 세례와 성령 내주는 누구나 믿음으로 받는 보편적 은혜이고, 성령 충만은 특정한 사람에게 특별히 임하는 은사라고 할 수 있다. 하지만 성경은 이를 딱히 구분하지 않고 그리스도

의 영이 없으면 그리스도의 사람이 아니라고 한다. 그러므로 사람은 자기 믿음의 분량에 따라서 내주하는 성령을 근심시킬 수도 있고, 충만한 성령을 약화시킬 수도 있다. 항상 죄를 멀리하고 성령의 인도를 받으며, 주어진 사명을 감당함으로써 성령의 열매를 맺어야 한다.

4 성령의 은사는 각자의 재능이나 특성, 믿음의 분량에 따라서 하나님이 주권적으로 나눠주신다. 성령이 충만한 사람은 이기적이 아니라 이타적이 되며, 은사를 사용할수록 선한 열매를 더욱 풍성히 맺는다. 성경에 나타난 성령의 은사는 예언, 섬김, 가르침, 위로, 구제, 다스림, 긍휼, 자선, 지식과 지혜의 말씀, 능력, 믿음, 기적, 영분별, 방언, 통역 등이다. 이외에도 하나님의 필요에 따라 주시는 은사가 더 있을 수 있다. 성경에 기록되지 않았다고 해서 아에 없다고 단정해서는 안 된다. 어떤 사람이 생소한 은사를 사용하면, 먼저 그 일을 통해서 하나님의 영광이 드러나는지 유심히 살펴보아야 한다. 하나님이 주신 은사라면 반드시 선한 열매를 맺기 마련인바, 그에게 특별히 허락된 성령의 은사라고 보면 될 것이다.

5 성령의 임재는 각자의 양심으로 느낄 수 있으며 일상생활 중에서도 체험할 수 있다. 세례 요한의 부친 사가랴는 예언을 하였고, 그 모친 엘리사벳은 찬가를 불렀다. 스데반은 하늘을 우러러 영광에 휩싸인 주님을 바라보았다. 120명의 제자들은 방언을 하였고, 베드로는 담대하게 설교하여 단번에 3,000명이 회개하고 돌아왔다. 바나바와 바울은 온 세상을 두루 다니며 복음을 전하였다. 엠마오의 두 제자는, 주님이 성경을 풀어주실 때 마음속이 뜨거워졌다고 간증하였다. 다윗왕은 성령의 감동으로 어린아이처럼 기뻐하며 춤을 추었다.

6 성령훼방죄는 사람이 구원에 이르지 못하도록 성령의 역사를 고의적으로 훼방하는 행위를 말한다. 구원의 동기를 아예 차단하는바 용서받지 못할 죄로 간주한다. 훼방은 하나님의 뜻을 거역하고 방해하는 사탄의 꼼수다. 훼방과 중상, 고소와 고발 등은 사탄의 원초적 속성이다. 훼방은 사람에 대한 훼방과 하나님에 대한 훼방이 있다. 사람에 대한 훼방은 사람을 비웃거나 조롱하며 인격적으로 모독하는 것이다. 하나님에 대한 훼방은 하나님을 모욕하는 것으로 성경은 그를 돌로 쳐서 죽이라고 하였다. 따라서 일반적인 죄는 회개함으로 용서받을 수 있어도, 성령을 훼방하는 죄는 회개의 기회가 상실되어 용서받을 길이 없다. 성령의 역사를 사탄의 속임수로 매도한 바리새인들에게 예수가 엄히 꾸짖으며 경고한 말씀이다.

7 십자가는 고대 이집트나 페르시아 등에서 죄인을 고문하거나 사형시키는 형틀이었다. 예수가 십자가에 못 박혀 죽은 후에는 기독교의 심벌이 되었다. 당시의 십자가형은 로마의 사형 방법 가운데 가장 가혹하고 치욕적인 극형이었다. 따라서 로마인은 당연히 제외되었고, 죄질이 극히 나쁜 반역자나 흉악범에 한해 집행되었다. 처음에는 T자형과 가로보다 세로가 긴 로마형만 있었으나, 나중에 X자형과 가로와 세로의 길이가 같은 그리스형이 추가되었다.

8 일꾼은 자신이 받은 은사에 따라 사명을 수행하는 사람이다. 주님의 은사가 여러 가지이듯 그에 따른 일꾼도 다양할 수밖에 없다. 혼자모든 일을 다 하려고 해서도 안 되고, 받은 은사를 사용하지 않고 남에게 미뤄서도 안 된다. 각자 받은 은사대로 최선을 다해 섬기고 봉사해야 한다. 일꾼에게 요구되는 것은 충성과 헌신이다. 그래서 바울이

말하였다. '아볼로나 나는 여러분을 믿음으로 인도한 주님의 일꾼에 불과하며, 우리는 주님이 시키시는 대로 여러분을 믿게 한 종들에 지나지 않습니다.'

9 기도원은 성도들이 한적한 곳에서 기도하며 재충전하도록 편의시설을 갖춰놓은 곳이다. 천주교의 피정의 집과 비슷하지만, 개신교의 현실은 참담할 정도로 쇠퇴하였다. 대형교회가 운영하는 몇몇 기도원을 빼고 거의 문을 닫거나 근근이 유지되고 있다.

10 신학교는 선교를 위해 주님의 일꾼을 양성하는 기관이다. 학문을 통해 일꾼이 양성되고, 그 일꾼에 의해 복음이 전파된다. 제대로 배운 일꾼에 의해 올바른 교회가 세워지고, 그 교회를 통해 하나님의 나라가 확산된다.

09. 사탄

1 사탄은 사악하고 더러운 영이다. 하지만 그 기원이나 정체에 대한 정보는 거의 없다. 다만 악령이 세상에 엄연히 존재하며, 성도를 미혹하여 악의 축에 세우려고 발악한다는 사실이다. 유대의 전승에 의하면 하나님을 섬기는 천사장이 타락하여 사탄이 되었으며, 그 수하의 천사들이 함께 쫓겨나 귀신이 되었다고 한다. 그래서 사탄은 단수로 나타나고 귀신은 복수로 나타나며, 사탄은 귀신의 두목이고 귀신은 그 졸개로서 무리를 지어 활동한다는 것이다. 이들은 하나님이 창조하신 존재가 아니라 변질된 피조물이다. 일정한 계급과 조직을 가지

고 있으며, 위계질서에 따라 일사불란하게 움직인다. 마귀는 사탄의 다른 이름이고, 악령은 사탄과 귀신을 통틀어 일컫는 말이다.

2 사탄의 속성은 본디부터 가지고 있는 악하고 더러운 영의 성품이다. 성경은 살인자요, 거짓말쟁이요, 상습적 죄인이요, 참소자요, 대적자요, 도적질하고 죽이는 자요, 멸망시키는 자요, 미혹하는 자라고 한다. 하지만 사탄도 피조물로서 하나님의 지배를 받는다. 영적 세계에서 악역을 맡아 수행할 뿐이며, 때가 되면 결박당하여 무저갱에 던져질 것이다.

3 사탄의 시험은 악령의 꼼수로 함정이자 올무이다. 이 모양 저 모양으로 사람을 미혹하여 실족시킨다. 성경에 나타난 시험은 사탄의 유혹만이 아니다. 하나님이 선의로 사용하시는 연단이나 훈련도 있고, 자질이나 믿음을 가늠하는 성령의 테스트도 있다. 사탄은 믿는 자나 믿지 않는 자를 가리지 않는다. 닥치는 대로 사람들을 넘어뜨려 악의 축에 세우려고 한다. 하나님의 형상대로 지음 받은 사람들을 비참하게 만들어 대리 만족을 얻으려는 속셈이다.

4 사탄의 유혹은 수단과 방법을 가리지 않고 사람들을 속여서 악의 축에 세우려는 수법이다. 사탄은 세상일을 그럴싸하게 포장하고, 사람들의 정신을 혼미하게 만들어 악의 구렁텅이로 몰아간다. 12제자 가운데 하나인 가룟 유다가 시범 케이스로 걸려들어 스승인 예수를 배신하였다. 우리가 사탄의 유혹에서 벗어나려면, 날마다 하나님의 구원에 감사하고, 시간마다 예수의 사랑에 감사하며, 분초마다 성령의 은혜에 감사해야 한다.

5 사탄의 활동은 세상을 어지럽히고 성도를 넘어뜨리며 교회를 파괴하려는 시도이다. 최후의 심판이 가까이 다가오고 있음을 알고 마지막으로 발악하는 것이다. 이에 성도는 하나님의 전신 갑주로 무장하고 대적해야 하며, 교회는 하나님의 말씀과 예수의 이름으로 단호히 물리쳐야 한다.

6 귀신은 사탄의 졸개로서 악령, 악신, 사신, 사귀 등이다. 귀신도 사탄처럼 지능적이고 교활한 존재다. 사람보다 우월한 능력을 가지고 있으며, 사람에게 들어가 괴력을 발하거나 다른 사람을 괴롭힐 수 있다. 귀신은 예수를 하나님의 아들로 알아보았으며, 하나님의 권위에 도전하려고 경배를 받고자 하였다. 그 귀신의 우두머리를 바알세불이라 불렀다. 이른바 사탄과 마귀, 곧 더러운 악령의 임금이다.

7 귀신론은 악령에 대한 이런저런 사상이나 이론을 말한다. 여기저기 흩어진 구전을 모아 학문적으로 접근하려는 시도이다. 한국 민속 종교에 나타나는 귀신은 혼기가 찬 처녀가 시집을 가지 못하고 죽어서 되었다는 손말명 귀신, 노총각이 장가를 못 가고 죽어서 되었다는 몽달귀신, 무당이 거리의 잡신을 청하여 대접한다는 가망거리 귀신, 동해안 별신굿에서 제사를 지낸다는 골매기 귀신, 마을이나 부족을 지켜준다는 서낭당 귀신, 땅을 지켜준다는 토지 귀신, 산을 지킨다는 산신령, 물을 지킨다는 물귀신 등이 있다.

8 루시퍼(Lucifer)는 '발광체'라는 뜻으로 하나님의 나라에서 쫓겨난 천사를 말한다. 유대의 전승에 의한 루시퍼는 천사 중에서 가장 높은 대천사장이다. 하나님을 지근에서 보좌하다가 하나님처럼 높아지겠

다는 욕심에 사로잡혀 반역하였으며, 결국은 하늘나라에서 쫓겨나 사탄이 되었다.

9 한국 귀신은 대체로 억울하게 누명을 쓰고 죽은 사람이나 한 많은 생을 마감한 영혼이 많다. 그들이 저승으로 가지 못하고 이생에 남아 구천을 떠돌게 되었는바, 죽은 영혼마저 세상을 떠나지 못할 정도로 억울한 사연을 간직한 원령이, 이른바 원귀가 되어 살아있는 사람을 간섭한다는 것이다. 죽은 사람의 영혼이 저승으로 가지 못하고 귀신이 되어 구천을 떠도는 원인이 응어리 맺힌 한이라는 뜻이다. 그래서 무당이나 박수 등의 영매가 주로 한을 품고 억울하게 죽은 영혼들, 곧 민비나 단종, 사도세자, 최영 장군 등의 이름을 팔아 귀신을 섬긴다.

10 사악한 영은 영계를 어지럽히는 사탄과 그 하수인 귀신의 무리를 통틀어 일컫는 말이다. 처음부터 악하여 악행을 일삼고 악습을 즐기는 존재다. 아울러 속이는 영은 하나님의 말씀을 왜곡, 은폐, 축소, 확대시켜 하나님을 믿지 못하게 만든다. 하나님의 뜻을 거짓으로 전달하여 사람을 곤경에 빠뜨리고, 이런저런 방법으로 어려움에 봉착시켜 낙담시킨다. 사실을 거짓이라 우기고 거짓을 사실이라 우기는 사람은 사기꾼이다. 세상에서 가장 큰 사기꾼은 예수의 성육신을 부인하고, 예수가 그리스도가 아니라고 주장하는 사람이다. 이를 적그리스도라 한다.

11 영적 무기는 하나님의 전신 갑주가 대표적이다. 구원의 투구, 정의의 가슴막이, 진리의 허리띠, 믿음의 방패, 성령의 검, 평화의 신발 등이다. 여기에 감사와 순종과 기도가 뒷받침되어야 한다. 그때 하나님

의 말씀과 예수의 이름과 성령의 능력이 나타나게 된다. 세상을 지배하는 악령과의 전투에서 승리하려면 반드시 영적 무기를 갖춰야 한다.

12 영적 승리는 성도에게 허락된 성령의 보증서요, 안전판이다. 하나님의 소명을 받은 사람에게 영적 전쟁이라는 시험을 통해 신령한 은사가 주어진다. 여기서 가장 확실한 무기는 하나님의 말씀이다. 이 말씀을 앞세우고 담대히 나아가면 성령의 검이 나온다. 이 검을 사용하여 사탄의 거짓을 응징해야 한다. 그리고 믿음의 방패를 들어야 한다. 성령의 검으로 공격하고 믿음의 방패로 방어해야 하나님의 전신 갑주로 무장한 난공불락의 요새가 된다. 영적 무기로 무장한 사람만이 영적 전쟁에서 승리할 수 있다.

13 영적 전쟁은 사탄의 공작으로 일어나는 크고 작은 갈등과 충돌을 말한다. 민족과 민족이, 나라와 나라가, 사람과 사람이 벌이는 온갖 다툼이 여기서 비롯된다. 하나님은 자기 백성을 통해 그의 나라를 세우기 원하고, 사탄은 하수인을 앞세워 사탄의 세상을 만들려고 한다. 그래서 영적 전쟁이 일어나는 것이다. 성도의 대적은 사람이 아니라 사람을 악의 축에 세우려는 악령이다.

14 이방신은 유대인의 유일신 하나님과 대비되는 개념으로 이방인이 섬기는 온갖 잡동사니 신이다. 이는 나라와 민족에 따라서 다양하게 나타나는바, 그 이름조차 다 헤아리지 못할 정도로 무수히 많다. 이방인이 잡신을 숭배하는 방법도 각양각색이다.

15 자연신은 해와 달과 별처럼 신비하거나 공포의 대상이 되는 자연

물을 숭배하는 정령 신앙, 곧 애니미즘(Animism) 사상으로 만물에 신이 깃들어 있다고 믿는 원시 신앙이다. 여기에는 특정한 동물이나 고목나무, 기암괴석 등을 숭배하는 토테미즘(Totemism)도 있고, 무당이나 점쟁이, 심령술사 등의 영매가 신령이나 죽은 사람의 영혼을 불러내 길흉화복을 점친다는 샤머니즘(Shamanism)도 있다.

16 초혼은 무당이나 점쟁이 등의 영매가 신령이나 죽은 사람의 영혼을 불러내 길흉화복을 점친다는 미신이다. 사람의 영혼은 죽음과 동시에 육신과 분리되어 천국이나 지옥으로 들어간다. 죽은 사람의 영혼이 구천을 떠돌다가 제삿밥을 얻어먹으러 내려온다거나, 영매의 초혼에 의해 불려 나오는 일은 없다고 본다.

17 마술은 사람의 눈과 귀를 속여 정신을 혼미하게 만드는 수법이다. 이른바 요술, 술수, 복술, 점성술 등이다. 마술을 부리는 사람을 마술사, 요술사, 술사, 점쟁이, 무당, 박수, 신접한 자, 거짓 선지자, 초혼자 등으로 부른다.

18 우상은 나무나 진흙, 바위, 쇠붙이, 플라스틱 따위로 만든 온갖 신상을 말한다. 넓은 의미로 하나님보다 우선순위에 두는 모든 것이 우상이다. 돈이나 사업, 권력, 명예, 인기는 물론이고, 취미나 학문, 술이나 오락, 자녀나 연인까지도 우상이 될 수 있다.

19 적그리스도는 예수 그리스도를 반대하거나 대적하는 세력을 통틀어 일컫는 말이다. 특정 단체나 개인뿐만 아니라 복음을 왜곡하고 변질시켜 믿음을 떠나게 하거나, 공동체를 파괴시키는 그릇된 사상이

나 운동까지 모두 포함하는 개념이다.

10. 이단

1 이단은 기존의 학설과 가르침에서 벗어난 사상이나 주장 또는 그것을 추종하는 사람이나 집단이다. 처음에는 '자유로운 선택'이라는 말에서 비롯되었으나, 그 독자적 견해가 비정통적 분파를 낳게 되었고, 그것을 추종하는 사람들에 의해 이단이 생겨났다. 여호와의 증인은 예수 그리스도의 신성을 부인하고, 모르몬교는 믿음과 더불어 계명과 의식도 지켜야 구원을 받는다고 가르친다.

2 범신론은 자연 만물에 신이 깃들어 있다는 사상으로 다신론을 넘어 원시 신앙 프리애니미즘(Preanimism) 관념이다. 유일신 하나님이 어디서나 계시다는 편재성 이론과는 전혀 다르다. 하나님이 사람 안에 내주한다고 해서 사람이 신이 아닌 것과 같다. 그래서 성경은 무슨 형상이든 우상을 만들지 못하게 엄히 금하고 있다.

3 사이언톨로지(Scientology)는 시간과 공간과 물질로 구성된 우주 속의 생명과 정신 에너지로 초자연적 치료가 가능하며, 영혼의 윤회가 이루어진다고 믿는 신흥 종교이다. 창조주 하나님을 부정하고 그리스도의 신성을 부인하는바, 정통 기독교의 분파라고 볼 수 없다.

4 신비주의는 영지주의를 비롯하여 이단 종파에 널리 퍼진 사상이다. 신의 존재나 가치, 계시 등을 사람의 일반적 지식이나 경험으로

깨닫지 못하는바, 신비적 직관이나 환상적 체험에 의존할 수밖에 없다는 생각이다. 사실 어느 종교나 신비하기 마련이다. 신비하지 않으면 종교가 아니다. 그럼에도 신비주의나 그 신학이 이단으로 정죄된 이유는, 그들이 말하는 초자연적 현상이 성경의 가르침에서 벗어나기 때문이다. 성경적 신비는 반드시 하나님의 계시와 사람의 구원이 연결되어 있다.

5 입신은 사람에게 신이 내려 잠시나마 신적 세계에 들어간 상태를 말한다. 영안이 열려 신의 영역을 체험하는 것이다. 하지만 누구나 보편적으로 경험하는 일이 아니다. 무슨 사정으로 특정한 사람에게 임하는 하나님의 주권적 선물이다. 귀신이 옮겨붙는다는 빙의나 미상의 초월적 힘에 의해 일어나는 신들림과 다르다. 이를 혼동하지 말아야 한다.

6 크리스천 사이언스(Christian Science)는 1879년 에디(Mary Baker Eddy, 1821~1910) 부인에 의해 미국에서 설립된 신흥 종교다. 예수를 가장 모범적인 하나님의 아들로 보는 치명적 오류를 범하고 있다. 그들은 성경과 과학과 건강을 최고의 덕목으로 여기며, 지역교회에서 선출된 사람이 성경을 읽고 매주 간증집회를 열어 치유와 재생의 경험을 나눈다.

7 펠라기우스주의(Pelagianism)는 4세기 수도승 펠라기우스에 의해 주창된 이론으로 아담의 죄가 후손에게 미치지 않는다고 가르친다. 하나님이 사람의 영혼을 모두 선하게 만들었기 때문에 악할 리가 없다는 것이다. 하지만 아담을 통해 죄가 들어왔고, 그 죄를 통해 죽음

이 임하였다는 원죄 이론에 배치되므로 비성경적이다.

8 한국 교회의 이단은 정식으로 등록된 것만 수백 개에 이른다. 심각한 이단일수록 교회 규모가 크고 교인 간의 교제가 풍성하여 성령이 충만한 것처럼 보인다. 사악한 사탄의 위장술이다. 그들의 특징은 유달리 성경 공부를 강조하며 일부 구절만 부각시켜 세뇌시킨다. 그리고 결정적인 순간에 모든 재산을 빼앗고 가정을 파탄시킨다.

한국의 대표적 이단과 사이비는 광명생수기도원, 구원파, 기수련, 다락방, 다미선교회, 대순진리회, 레마선교회, 마라나타선교회, 만민중앙교회, 모르몬교, 번영신학, 베뢰아성락교회, 빈야드운동, 새벧엘교회, 새생활영성훈련원, 섹스교, 신비주의, 신사도개혁운동, 신천지, 안상홍증인회, 안식교, 알파코스, 영생교, 예수땅끝전도단, 예수왕권선교회, 예수전도협회, 왕의기도, 일월산기도원, 장막성전, 전도관, JMS애천교회, 지방교회, 직통계시, 천도관, 추수군, 크리스천 사이언스, 큰믿음교회, 통일교, 평강제일교회, 하나님의교회, 한농복구회, 할렐루야기도원, 형제교회 등이다.

이외에도 이단은 수없이 많고 날마다 독버섯처럼 자라나고 있다. 더욱이 기성 교회와 똑같은 간판을 내걸어 겉으로 보기에 전혀 표시가 나지 않는다. 교회명과 단체와 대표자 등을 확인하고, 인터넷 검색 등을 통해 자세히 살펴보아야 한다. 그리고 어느 교회든지 목회자가 탐욕스러운 모습을 보이면 즉시 떠나야 한다. 이단 여부를 불문하고 그는 참 종교 지도자가 아니기 때문이다.

제3편
인간에 대하여

✝

11. 인간

1 인간의 조상은 아담(Adam)과 하와(Eve)다. 인종은 노아(Noah)의 세 아들, 셈(Shem)과 함(Ham)과 야벳(Japheth)에서 시작되었다. 셈의 후손은 고대사회의 정치, 경제, 사회, 문화, 종교 등 모든 영역에서 주도적 역할을 수행하였다. 셈족의 대표자는 아브라함이다. 믿음으로 고향 하란을 떠나 우여곡절 끝에 가나안 땅으로 들어가 정착하였다. 아들을 제물로 바치기까지 순종하였으며, 소유욕을 버리고 인간관계를 중요시했다. 가는 곳마다 제단을 쌓고 예배를 드렸으며, 이웃을 배려하고 중보기도를 아끼지 않았다.

2 사람은 단순히 직립 보행하는 젖먹이 동물이 아니다. 육은 생로병사의 과정을 거쳐 흙으로 돌아가지만 영은 하늘나라로 들어가 영원히 산다. 사람은 하나님의 생명을 받은 독보적 존재로서 그 어떤 피조물과도 비길 수 없다. 하늘 고향을 사모하는 귀소 본능을 가지고 있다. 하나님을 믿지 않는 사람도 본성을 가지고 있는바, 죽을 때가 되면 반

드시 하나님을 찾게 된다. 이른바 임사호천이다.

3 사람의 구조는 영과 혼과 육, 곧 영혼과 육신이다. 영은 피조물 가운데 사람만이 가지고 있는 아주 특별한 기관이다. 뇌는 후두엽보다 전두엽이 발달하여 고도의 사고와 판단, 신앙 등의 정신 활동을 할 수 있다. 하나님이 사람을 만드실 때 흙이라는 재료를 사용하셨다. 흙 중에서도 가장 쓸모없는 먼지였다. 몸은 먼지로 지어져 티끌로 돌아가고, 영은 하나님의 품으로 돌아간다. 영은 양심으로 나타나고, 혼은 감정으로 드러난다. 혼은 사람만이 아니라 일반 동물도 가지고 있으며, 몸은 영과 혼을 보호하는 물질이다.

그러므로 사람이 자신의 영에 하나님의 영을 모시지 않으면, 제 밥통만 채우기에 급급하여 동분서주하다가 사라진 영장류와 같이 된다. 크로마뇽인, 보스콥인, 네안데르탈인, 호모 에렉투스, 호모 사피엔스 이달투, 붉은 사슴 동굴인, 북경원인, 자바원인, 데니소바인 등이 모두 그렇게 살다가 멸종한 인간종이다. 현생 인류인 호모 사피엔스 사피엔스도 결코 예외가 아니다. 머지않아 지구촌 무대를 떠날지 모른다.

4 사람의 마음은 지식과 감정과 의지의 바탕이 되는 부분이다. 열 길 물속은 알아도 한 길 사람 속은 모른다는 속담이 있다. 마음은 보이지 않을뿐더러 너무 자주 변하여 악의 도구로 이용되기 십상이다. 성경은 사람의 정신과 육신의 활동을 딱히 구분하지 않는다. 하지만 회개하고 용서받기 위해서는 마음의 결심과 입술의 고백이 필요하다고 한다. 마음으로 믿어 의에 이르고, 입으로 시인하여 구원에 이른다는 것이다. 마음은 생각과 감정과 의지를 통제하며, 영은 오묘한 양심이나 직감으로 나타난다. 먼저 마음이 변해야 육신의 변화가 따른다.

마음의 변화는 영적 변화가 필요하고, 영적 변화는 성령의 도움을 요구한다. 성령의 도움은 예수를 구주로 영접한 사람의 의지와 협력한다. 그러므로 믿음으로 믿음에 이르며, 의인은 믿음으로 말미암아 산다는 말이 맞다.

5 사람의 본분은 예수 그리스도를 믿음으로 하나님 아버지의 영광을 드러내며, 보혜사 성령을 충만히 받음으로 기뻐하고 즐거워하는 것이다. 그리스도인은 하나님의 뜻에 따라 주님과 동행하고 동역하도록 지어졌다. 이른바 임마누엘 신앙이다. 하지만 자신의 의지로 순종할 수도 있고 불순종할 수도 있다. 사람은 애당초 하나님의 형상대로 지어졌으며, 만물을 지배하고 다스릴 권세를 부여받았다. 아울러 하나님의 뜻에 따라 살아갈 책임도 주어졌다. 그런데 사탄의 유혹으로 하나님의 생명을 잃었는바, 이제 그 생명을 되찾아야 한다. 그러자면 구원자 예수가 반드시 필요하다.

6 사람의 수명은 노아시대 이후 고의 범죄와 환경 파괴, 채식에서 육식으로 바뀐 음식문화 등으로 급격히 줄어들었다. 인자시대의 평균 수명은 40세에 못 미쳤다. 하지만 차츰 회복되어 2019년 한국인의 평균 수명은 80세가 넘었다. 그래서 시인은 말한다. '우리의 연수가 칠십이요 강건하면 팔십이라도, 그 연수의 자랑은 수고와 슬픔뿐이요 신속히 가니 우리가 날아가나이다.'

7 사람의 언어는 의사소통과 아울러 고도의 정보를 교환하는 사고의 표현이다. 피조물 가운데 하나님의 형상대로 지음 받은 사람만이 말과 글, 그림, 기호 등으로 정보를 공유할 수 있다. 동물도 나름대로

의사를 전달하는 체계를 가지고 있으나, 무슨 신호나 소리에 의한 생존 수단일 뿐이다. 사람처럼 복잡하고 다양한 정보 교환의 수단으로 사용하지 못한다. 하나님은 의로운 사람에게 지혜를 주신다. 사람이 바른말을 하지 못하는 이유는 하나님의 뜻에서 벗어나 있기 때문이다. 거짓말은 자신과 상대방을 동시에 속인다. 언어는 정직과 진실이 생명이다.

8 사람의 이름은 그 인격체를 구분하여 부르는 호칭이다. 성경에서는 단순히 호칭에 그치지 않고 그의 성품이나 인격을 대변하였으며, 업적이나 명성을 가늠하기도 하였다. 이름이 그 생애와 걸맞지 않을 때는 하나님에 의해 강제로 개명된 적도 있다. 아브람이 아브라함으로, 야곱이 이스라엘로, 시몬이 베드로로 바뀌었다.

9 사람의 존엄성은 하나님이 허락한 고유의 권리이다. 어떤 피조물도 근접할 수 없는 인간만의 권한이다. 인간은 피조물 가운데 가장 발달된 지능을 가지고 있으며, 우주 만물을 지배하고 다스릴 영장의 권세를 부여받았다. 사람의 존재 가치는 만유의 주재이신 창조주에서 찾아야 한다. 하나님이 주신 생명의 가치는 천하를 주고도 바꿀 수 없다. 하나님의 생명이 없는 인간은 정말 무의미하고 무가치하다. 그저 먹고살기 위해 동분서주하며, 종족 보존을 위해 버둥거리다 사라지는 직립 원인에 불과하다.

10 사람의 타락은 죄악의 나락으로 떨어진 인간의 비참한 사정과 형편을 말한다. 하나님과의 관계가 단절되어 일어나는 필연적 현상이다. 하나님과 함께 살아갈 사람이 하나님의 품을 떠나 어려움에 부닥친

모습이다. 그래서 이사야가 말하였다. '악인은 악한 길에서 돌이키라. 잘못된 생각을 바꾸어라. 우리 하나님께 돌아오라. 그러면 그가 불쌍히 여기시고, 너를 너그럽게 용서하실 것이다.'

11 사람의 피는 몸속을 돌며 영양분과 산소를 공급하는 붉은 액체로서 생명을 상징한다. 율법은 피를 마시거나 피가 들어있는 고기를 먹지 못하게 하였다. 피를 마시는 행위가 생명을 빼앗는 살생과 같고, 생명을 주관하는 하나님을 모독하기 때문이다. 그래서 성경은 아무도 피를 먹지 말고, 같이 사는 외국인도 피를 먹게 해서는 안 된다고 하였다.

12 거짓말쟁이는 남을 속일 뿐만 아니라 자기도 속는 비양심적이고 파렴치한 인간이다. 사탄은 거짓의 아비로서 거짓말을 밥 먹듯 하면서도 얼굴조차 붉히지 않는 철면피요, 양심이 화인 맞은 존재이다. 이 사탄의 올무에 걸려들어 하나님의 생명을 상실한 인간이 세상에 너무 많다. 그래서 성경은 말한다. '속이는 자는 내 집에 거하지 못할 것이며, 거짓말하는 자도 내 앞에 서지 못할 것이다.'

13 생명체는 하나님에 의해 2가지 방법으로 창조되었다. 단지 말씀으로 무에서 유가 창조된 것과 일정한 재료에 의해 재창조된 것이다. 하지만 모든 생명체는 사라질 것이며, 사람은 다시 흙으로 돌아갈 것이다. 다만 하나님과 연합한 생명체는 영원히 살 것이다.

14 시기심은 남의 잘됨을 시샘하고 미워하는 것이다. 수준이 비슷한 사람끼리의 선의 경쟁은 다소 도움이 될 수도 있지만, 비교 의식에서

비롯되는 시기와 질투와 미움은 자신과 상대방을 동시에 멍들게 한다. 그래서 야고보는 시기심과 경쟁심이 있는 곳에 혼란과 온갖 악한 행위가 있다고 하였다.

15 열등의식은 자기를 남보다 못하다고 여기는 허황된 생각이다. 콤플렉스, 열등감, 왜곡된 감정, 자기혐오, 주눅 등으로 나타난다. 잘 다스리면 겸손이 될 수도 있지만 지나치면 정신 질환을 낳는다. 특히 열등의식에 사로잡힌 사람이 술의 노예가 되거나 귀신에 사로잡힐 경우 심각한 장애가 발생한다.

16 영은 육과 대비되는 개념으로 살아서는 분리되지 않는다. 간혹 유체이탈을 경험하는 사람도 있으나 극히 예외적인 현상이다. 영은 바람, 공기, 호흡, 전파와 같이 눈에 보이지 않지만 분명히 존재한다. 바람은 스치는 느낌으로, 공기는 과학 실험으로, 호흡은 숨을 쉼으로, 전파는 전자 기기로 감지할 수 있다. 마찬가지로 영은 성령의 감동으로 경험할 수 있다.

17 이성은 감성과 대비되는 개념으로 생각하고 판단하는 사고의 능력이다. 사람은 이성으로 선과 악, 참과 거짓, 의와 불의 등을 식별하지만 어디까지나 한계가 있다. 그래서 성경은 말한다. '사람들은 무엇이든지 그 알지 못하는 것을 욕하고, 이성 없는 짐승같이 본능으로 아는 그것으로 멸망한다.'

18 이중인격자나 다중인격자는 하나의 인격 안에 둘 이상의 다른 인격이 들락날락하는 모습이다. 인격의 통일성에 심각한 문제가 생긴

것이다. 한 인격이 나타나면 다른 인격이 속으로 잠재하여 잘 나타나지 않는 특징이 있으며, 서로 다르거나 상반된 성격이 교차적으로 나타나 주변 사람들을 어리둥절하게 만든다. 일종의 정신병으로 그 원인을 귀신이 제공하기도 한다. 청각이나 언어, 시각장애인 등은 선천적 또는 후천적 요인으로 비롯되지만, 간혹 귀신이 그렇게 만들기도 한다.

19 인생은 잠깐 보이다가 사라지는 안개와 같다. 문틈 사이로 파고든 볕뉘에 아른거리다가 금방 사라지는 티끌에 불과하다. 하찮은 먼지의 인생에 집착하는 사람은 정말 어리석다. 헛되고 헛되며 헛되고 헛되다는 솔로몬의 말이 맞다. 오늘날 자본주의 세상에서 추구하는 사업이나 학문, 명예나 인기, 권세나 직분 등의 인본주의 문화는, 그것이 종교적 헌신과 봉사라고 하더라도, 결국 남는 것은 허무밖에 없다. 그럼에도 사람들은 무엇인가 남다른 것을 이루기 위해 밤낮으로 아등바등하며 살아간다. 그러다가 그 모든 것이 헛되다는 사실을 발견하고 크게 낙심한다.

그러므로 인생은 무엇을 이루느냐가 아니라 어떻게 사느냐가 중요하다. 다름 아닌 하나님의 자녀로서 관계성을 올바로 정립하고, 인격적인 예수를 주인으로 영접하여 순종하며 살아가는 것이다. 인생관이 분명해야 가치관이 뚜렷해진다. 우리 인생을 100년 잡아도 1,200달이요, 5,200주요, 36,500일이요, 876,000시간이다. 하루하루 감사하며 살아야 한다. 찰나의 시간에 집착하지 말고 인생을 통째로 보아야 한다.

20 인종은 피부 색깔에 따라 흑인, 백인, 황인, 갈색 종으로 나뉘고,

신체 조건이나 골격, 유전 인자 등에 따라서도 나눠진다. 지역이나 정치, 문화, 언어, 풍습 등에 의해 나눠진 슬라브족, 게르만족, 유대인, 미국인, 중국인, 한국인 등도 있다. 따라서 혈통에 따라 부족과 민족이 생겼고, 통치권에 따라 국민이 생겨났다. 하지만 모든 인종이 아담에서 나왔으며 하나님의 피조물이다. 서로 교제하며 협력해야 한다. 다만 하나님을 거역하고 불신하는 사람과는 어느 정도 거리를 두어야 한다. 영적 순결을 위한 최소한의 방편이다. 세심한 주의를 기울이며 전도해야 한다. 하나님은 남녀노유 빈부귀천을 떠나서 아무도 차별하지 않는다. 성경에 나타난 유대인 우월주의, 가부장제도, 노예제도, 남녀차별 사상 등은 당시의 문화였지 하나님의 뜻이 아니었다.

21 자유의지는 외적 제약이나 무슨 구애 없이 스스로 판단하고 결정하며 행동하는 역량이다. 하나님의 특별 은총이요, 일반 동물과 구별되는 표시이다. 하나님이 사람에게 허락한 자유의지는 죄를 지을 수 있는 방종의 자유가 아니라, 스스로 죄를 물리칠 수 있는 절제와 통제의 자유이다. 하나님의 위대하심과 능하심을 사람을 통해 드러내시는 방법이다.

22 하나님의 종은 죽음을 불사하고 주님의 영광을 드러내는 사람이다. 구약시대의 종은 남의 수하에 놓인 노예였으나, 신약시대의 종은 하나님이 세우신 일꾼이다. 당시 주인은 종의 생사여탈권까지 가지고 있었는바, 종은 충성과 복종만이 요구되었다. 그러나 주인과 종의 개념은 예수에 의해 무너지고 바울에 의해 정립되었는바, 1863년 미국 링컨 대통령에 의해 역사의 무대에서 사라졌다. '그리스도께서 우리를 해방시켜 자유인이 되게 하셨으니, 마음을 굳게 먹고 다시는 종의 멍

에를 메지 마십시오.'

23 하수인은 아무 주관 없이 남의 수하에서 꼭두각시 노릇을 한다. 귀신의 하수인은 더러운 영의 사주를 받아 사탄의 종으로 살아간다. 악령에 사로잡힌 자, 즉 귀신 들린 사람은 악의 축에 서서 악하게 살기 마련이며, 결국은 심판을 받고 지옥 불로 들어간다. '지옥에는 구더기도 죽지 않고 불도 꺼지지 않는다.'

12. 가정

1 가정은 한 집안에서 생활하는 가족이다. 초대교회는 가정을 중심으로 자연스럽게 세워졌다. 가족이 모여 가정을 이루고, 가정이 모여 지역교회를 형성하였다. 가정을 잘 다스리는 사람이 하나님의 교회도 잘 섬길 수 있다.

2 결혼은 이성 간의 사랑으로 맺어지는 부부 성립의 계약이다. 배우자는 돕는 배필로 지어졌는바, 이제는 둘이 아니라 한 몸이다. 사람이 임의로 갈라놓지 못한다. 피부색이나 민족성이 다르다고 결혼하지 말라는 법도 없다. 하지만 동성애나 동성혼 등은 반성경적이며 하나님의 창조 질서를 크게 왜곡시키는 범죄이다. 이는 불신앙에서 비롯되며 불순종의 결과다. 동성애나 수간 등은 동물의 본능이지 사람의 욕구가 아니다.

3 간음은 정식으로 결혼한 부부가 아닌 남녀 간의 성관계를 말한다.

음란이나 음행, 혼전 성관계 등도 반인륜적이다. 성경시대는 조혼이 유행하였다. 성욕은 인간의 본능으로 종족 보존을 위한 방편이지 쾌락의 도구가 아니다. 무분별한 성관계는 에이즈와 같은 치명적 병을 일으킬 수 있고, 원하지 않는 잉태와 낙태, 중절 수술, 미혼모 등을 양산하여 사회적 문제를 야기한다. 젊은이의 성욕과 늙은이의 노욕은 정말 조심해야 한다. 매 순간 절제하며 잘 다스려야 한다. 자칫하면 하루아침에 패가망신하고 모든 것을 잃을 수도 있다.

4 금욕은 육신적 욕구나 정신적 욕심을 억제하고 참아내는 인내심이 필요하다. 이런 신앙적 수행을 통해 숭고한 삶을 영위하게 된다. 그래서 예수가 말하였다. '모태로부터 태어난 고자도 있고, 사람이 만든 고자도 있으며, 천국을 위하여 스스로 된 고자도 있다.'

5 낙태는 자궁에 착상된 태아를 인위적 방법으로 모체에서 떼어내는 불법적 행위이다. 오늘날 사람들은 자신의 편의에 따라 임의로 유산을 시키곤 한다. 중절 수술이나 낙태 등으로 인한 인공유산을 하나님이 기뻐하실 리가 만무하다. 하지만 성추행이나 강간 등으로 인한 강제 임신까지 무조건 낳으라고 주장하기도 어렵다.

6 독신은 사정에 따라 결혼하지 않고 홀로 사는 인생이다. 권장할 일도 아니지만 굳이 금할 사안도 아니다. 예수도 독신으로 살았고, 바울도 주님의 복음을 위해 자기처럼 독신으로 지내는 편이 낫다고 하였다. 이처럼 독신이 하나님의 영광을 위한 은사라면 존경의 대상이 되지만, 그렇지 않을 경우 어려움을 자초할 수도 있다. 그래서 바울은 절제하기 힘들면 결혼하라고 하였다. 하나님의 소명으로 주어진 독신

은 너무나 소중한 은사이다.

7 본은 최고의 인생 모델이요, 최선의 패턴이다. 예수가 제자들의 본이 되었듯이 가정에서는 부모가, 교회에서는 목사가, 학교에서는 교사가 본이 되어야 한다. 자녀 교육은 인성 교육과 신앙 교육, 소양 교육이 병행되어야 전인 교육이 된다.

8 부모는 자녀를 양육할 책임이 있고, 자녀는 부모를 공경할 의무가 있다. 부모 공경은 십계명 가운데 제5계명으로 천륜에 가까운 인륜의 으뜸이다. 그래서 성경은 의로운 자식을 둔 부모는 크게 즐거울 것이며, 지혜로운 자식을 둔 부모도 즐거울 것이라고 하였다.

9 성은 남성과 여성을 구분하는 생식 기관으로 하나님의 선물이다. 하지만 혼전 성관계는 불법이다. 바울은 자기처럼 독신으로 지내는 것이 좋다고 하면서도, 음행을 피하기 위해서는 결혼하라고 권하였다. 성은 종족 보존의 수단으로 주어졌다. 그런데 물질주의와 편의주의에 물든 사람들이 사업 수단과 쾌락의 도구로 전락시켰다. 여성은 남성에 비해 체력은 약하나 섬세하고 아름다우며, 강인한 정신력과 생명력을 가지고 있다.

10 음란은 타락한 자들의 무분별한 성행위를 말한다. 음탕하고 난잡한 성생활만이 아니라, 하나님을 외면하고 우상을 섬기는 행위도 간음이요, 음란이요, 음행이다. 음란한 여자는 남의 재산뿐만 아니라 그 생명까지 도둑질한다.

11 이혼은 한번 결혼한 부부가 무슨 사정으로 인연을 끊고 정식으로 갈라서는 법적 행위이다. 상대방이 음행을 저지른 경우나 알코올 중독, 무자비한 폭행 등 부득이한 사정이 있을 때는 이혼할 수 있다. 하지만 원칙적으로 하나님이 짝지어 함께 멍에를 메도록 묶어주신 것을 사람이 임의로 갈라놓아서는 안 된다. 이혼은 그야말로 최후의 보루가 되어야 한다.

12 자녀는 부모에게 순종하고 효도할 의무가 있으며, 부모는 자녀를 잘 가르치고 양육할 책임이 있다. 자녀가 성인이 되면 부모를 떠나 독립적으로 가정을 꾸려 살아가야 한다. 마마보이만큼 성경적으로 더 큰 불효자도 없다.

13 재혼은 한번 결혼한 사람이 무슨 사정으로 헤어지고 다른 사람과 다시 혼인하는 것이다. 원인은 사별과 이혼이다. 바울은 미망인이나 홀아비는 가급적 혼자 사는 것이 좋으나, 불타는 정욕으로 실족할 우려가 있을 때는 재혼하라고 하였다. 독신도 사명이 있어야 가능하다는 말이다.

14 축첩은 정식으로 결혼한 부인 외에 다른 여자를 아내로 두는 것이다. 오늘날 미개한 부족을 제외한 대부분의 민족이 하나님의 창조 질서에 따라 일부일처제를 받아들인다. 종족 보존의 책임에서 벗어난 인간의 성욕은 무의미하며, 그냥 쾌락의 도구로 사용될 뿐이다.

15 효도는 어버이를 섬기는 자식의 도리로서 천륜의 시작이자 인류의 으뜸이다. 동서고금을 떠나서 영원히 변치 않는 가르침이다. 그래

서 모세는 부모를 공경하라고 하였으며, 부모를 욕하는 자는 반드시 죽이라고 하였다.

16 훈계는 자신의 잘못을 스스로 깨닫고 뉘우치도록 윗사람이 아랫사람을 타이르며 충고하는 것이다. 그래서 성경은 훈계를 무시하는 사람은 자기 생명을 가볍게 여기는 것이며, 책망을 달게 받는 사람은 깨달음을 얻는다고 하였다.

13. 범죄

1 죄는 과녁을 벗어난 화살을 의미한다. 하나님의 뜻에 어긋난 것으로 상태의 죄와 행위의 죄가 있다. 상태의 죄를 원죄, 행위의 죄를 범죄라 한다. 죄는 하나님의 법을 위반하거나, 하나님의 뜻을 그르치거나, 하나님의 섭리에 순응하지 않거나, 하나님의 방법을 외면하거나, 하나님 외에 다른 무엇을 섬기는 것이다. 하나님의 성품에서 벗어난 사람의 생각까지 포함한다.

2 죄의 뿌리는 선악과를 따먹은 아담의 불순종에서 찾을 수 있다. 조상이 지은 죄의 유전자를 후손이 가지고 태어나 죄 중에 살다가 죄인으로 죽을 수밖에 없다는 논리로서, 이른바 원죄 이론이다. 여기에 반론을 제기하는 사람도 있다. 조상의 잘못된 행위가 그 후손에게 영향을 미친다는 게 이해하기 어렵다는 것이다. 하지만 유전학 등의 발달로 그 의심이 조금씩 불식되고 있다. 조상의 열등한 부분이나 잘못된 행위로 빚어진 나쁜 결과가 후손에게 영향이 미칠 수도 있다는 것이다.

또 어떤 사람은 아담의 행위로 죄가 들어왔다면 죄인은 아담일 뿐이며, 그 후손은 피해자라고 주장한다. 따라서 원죄의 논리는 하나님의 속성상 맞지 않으며, 죄가 무엇인지도 모르고 태어나는 후손에게 그 죄가 전이될 수 없다고 한다. 그러나 현실적으로 냉철하게 살펴보면, 비록 신생아가 죄를 모르고 태어나더라도 원죄의 논리에서 자유로울 수는 없다. 죄인의 몸에서 태어나 죄로 가득한 세상에서 살아갈 수밖에 없기 때문이다.

3 죄의 성질은 그 자체로 악한 것이다. 그런데 더 악하고 덜 악한 죄가 있을까? 그렇다면 그 기준은 어디에 있을까? 사람이 짓는 죄 가운데 고의로 짓는 죄와 부지중에 짓는 죄가 있다. 알고 짓는 죄가 모르고 짓는 죄보다 그 책임이 더 무겁다는 사실은 두말할 나위도 없다. 따라서 고의로 성령을 속이거나 훼방하는 죄는 용서받을 길이 없다. 지음 받은 사람이 지으신 하나님을 모욕하거나 거역하는 죄가 얼마나 크겠는가? 현실적으로 자식이 부모를 모욕해도 가중 처벌을 받는다.

4 죄의 속성상 하나님의 공의에 따라서 아무도 그 심판을 피할 수 없다. 죄인의 양심은 어쩔 수 없이 최후의 보루가 된다. 아무리 태연자약해도 죄책감에 사로잡혀 불안에 떨기 마련인바, 하나님이 주신 양심의 가책이 작용하기 때문이다. 벌은 죄에 대한 하나님의 심판이다. 하나님의 아들을 희생시킨 것도 공의에 따른 죄와 벌의 논리 때문이다. 그래서 예수는 세상을 구원하려고 온갖 수치와 모욕을 감내하였다.

5 죄의 원인은 사탄의 유혹과 하와의 범죄, 그리고 아담의 불순종이다. 죄는 하나님의 기준에 미달하거나 어긋난 상태로서, 사악한 사탄

이 인간의 욕심에 심어놓은 것이다. 사탄의 전유물인 죄가 인간에게 전이된 원인은, 사탄의 오만과 인간의 부질없는 욕심이 맞아떨어졌기 때문이다. 이른바 거역, 반발, 반항, 배반, 배신, 배척, 범죄, 불법, 불순종, 불신, 불의, 위반, 허물, 훼방 등이다. 인간의 생각이나 행동이 하나님의 뜻에서 벗어날 때 죄의 씨가 싹트게 된다.

6 죽을죄가 있고 안 죽을죄가 있을까? 그런 것이 있다면 어디에 기준을 둘까? 똑 부러지게 말할 수는 없다. 어느 죄는 치명적이라 죽어야 하고, 어떤 죄는 대수롭지 않아 죽지 않는다고 해도, 그것은 사람이 얘기할 사안이 아니다. 하나님의 통치에 따른 사항이기 때문이다.

14. 종말

1 종말은 세상이 끝나는 마지막 순간을 말한다. 넓은 의미로는 예수의 초림부터 재림까지, 인자시대와 은혜시대의 모든 기간이다. 개인적 종말과 역사적 종말을 포함한다. 개인적 종말은 사람의 죽음이고, 역사적 종말은 세상의 끝이다. 종말에 대한 성경의 기록은 암시적이고 간략하여 자세히 알 수 없다. 따라서 종말의 계시는 억지로 풀 것이 아니라, 모르면 모르는 대로 그냥 덮어두는 게 좋다.

2 종말의 비밀은 마지막 시간에 일어나는 일들이 대부분 신비에 싸여 있다는 것이다. 역사적 종말은 물론이고 개인적 종말을 뜻하는 사람의 죽음이나 사후의 세계도 마찬가지다. 종말의 일들은 모두 깊숙이 감춰진 하나님의 비밀이다. 종말에 대한 체계적 교리는 물론이고

학문적 자료도 거의 없다. 여기저기 흩어진 말씀의 조각들을 모아 어렴풋하게 짐작할 뿐이다.

3 종말의 역사는 마지막 날에 도래하는 여러 가지 사건과 흥망성쇠에 따른 일련의 과정이다. 역사는 우주가 창조된 창세기의 태초에서 시작하여 영원무궁한 요한복음의 태초로 들어가는 일직선상에 있다. 우리는 이 영원을 향해 달려가는 역사 가운데 살고 있다.

4 종말의 징조는 마지막 때에 임하는 여러 가지 재앙이나 이변을 말한다. 성경에는 전쟁과 난리, 지진과 기근, 핍박과 이간질, 거짓 예언자의 미혹, 적그리스도의 출현, 배교가 많이 일어난다고 한다. 그때 예수가 재림할 것이며, 흰 보좌 심판을 통해 사탄과 그 하수인이 먼저 옥에 갇힌다.

5 부활은 생물학적 소생과 다르다. 죽은 사람이 살아나 영원히 죽지 않아야 한다. 사람이 한번 태어나 죽는 것은 정한 이치요, 죽은 후에는 부활이 있다. 의인은 생명의 부활로, 악인은 심판의 부활로 나온다. 그래서 바울은 죽은 사람의 부활이 없다면 예수도 살아났을 리가 없다고 하였다.

6 신천지는 마지막 날 임하는 새 하늘과 새 땅이다. 지금의 세상은 흔적도 없이 사라지고, 새 예루살렘 성이 드러날 것이다. 신천지는 처음 하늘과 땅을 리모델링하여 복원하거나 다른 형태로 변형시켜 재창조하는 게 아니라, 전혀 다른 새 창조가 될 것이다. 성도들은 거기서 더할 나위 없는 행복을 누릴 것이다.

7 영생은 부활한 예수와 함께 영원히 사는 것이다. 죽음을 이기고 살아난 예수의 생명을 받아 누리는 것으로 성령이 보증하는 하나님의 선물이다. 그래서 요한은 아들을 믿는 사람은 영생을 얻지만, 아들을 믿지 않고 거절하는 사람은 영생은 고사하고 도리어 하나님의 진노를 산다고 하였다.

8 징벌은 공의의 하나님이 부당하고 악한 행위에 대하여 공정하게 내리는 심판이다. 세상은 악인이 흥왕하고 의인이 고난받는 경우가 많다. 이 모순이 신자를 실족시키고 불신자를 더욱 악한 상태로 고착시킨다. 하지만 하나님의 징벌은 언제나 공평할 수밖에 없다. 그래서 시인이 말하였다. '저는 종일 괴로움을 당하며 아침마다 벌을 받습니다.'

9 천년왕국은 성령의 은혜시대와 성도의 자치시대를 잇는 천 년 동안의 기간이다. 메시아의 이상향이 세워질 것이라는 유대인의 사상에서 비롯되었다. 유대인은 구약성경을 근거로 메시아의 천년왕국이 단번에 이뤄질 것으로 생각하였다. 하지만 시간이 지나도 드러나지 않자 나중에 천년의 제한된 기간만 메시아가 통치한 후, 영원한 하나님의 나라가 임할 것이라고 여겼다. 그들은 하루가 천년 같고 천년이 하루 같다는 시편의 말씀을 근거로 인류의 역사를 6,000년으로 보았다. 하나님의 창조 일자 6일을 6,000년의 역사로, 안식일 1일을 1,000년 동안 메시아가 통치한다는 천년왕국으로, 그 기간이 끝나는 8,000년째 새 하늘과 새 땅이 도래한다고 생각하였다.

10 최후의 심판은 예수가 재림하여 산 자와 죽은 자를 선악 간에 판결하는 것이다. 이를 흰 보좌 심판이라 한다. 그때 모든 사람이 예수

앞에 똑바로 설 것이며, 생명책에 기록된 대로 심판을 받게 될 것이다.

11 휴거는 예수의 재림 시 구원받은 성도가 공중으로 들림 받아 예수를 영접한다는 이론이다. 그때 이미 죽은 성도는 부활하여 휴거하고, 살아있는 성도는 신령한 몸으로 변화를 받아 휴거한다. 하지만 이를 구체적으로 입증할 자료나 근거는 없다. 따라서 성도의 휴거를 인정하지 않는 사람도 있다.

15. 내세

1 내세는 죽은 사람이 마지막 심판을 기다리며 잠시 머무는 사후의 세계이다. 예수의 재림으로 궁극적으로 임할 새 하늘과 새 땅을 의미하기도 한다. 성경은 한번 죽는 것은 사람에게 정해진 이치요, 그다음에는 누구에게나 심판이 있다고 한다. 사후의 세계에 대한 궁금증은 예수의 부활로 어느 정도 해소되었다고 본다. 이보다 더 확실한 증거는 없다. 죽음은 첫 사람 아담에 통해 들어왔으나, 마지막 아담인 예수에 의해 그 사망의 쏘는 독이 제거되고 부활의 첫 열매를 맺었다. 그러므로 이제는 누구나 예수를 믿음으로 구원을 받고 의롭게 되며 영생을 얻는다. 하지만 끝내 구원자를 외면하고 그 믿음을 거절한다면 부득불 구원의 대열에서 이탈할 것이다. 하나님이 그의 불신과 불순종까지도 너그러이 받아주시기 때문이다. 이는 사람에게 허용된 자유의지로 자신을 죽이기도 하고 살리기도 한다.

2 낙원은 의인의 영혼이 잠시 머무는 장소요, 음부는 악인의 영혼이

일시적으로 거하는 처소다. 예수를 믿음으로 의롭게 된 영혼은 낙원으로 들어가고, 그렇지 못한 영혼은 부득이 음부로 들어가게 된다. 구약시대는 음부를 무덤이나 사망, 땅속의 어둡고 그늘진 세상, 어두침침한 지하 세계, 끝없이 이어진 시커먼 구멍, 하염없이 침묵만 흐르는 적막의 장소, 아무것도 알지 못하고 분간할 수 없는 곳, 다시 돌아오지 못할 절망의 장소로 여겼다. 하지만 때가 되면 음부도 사망과 함께 불바다에 던져질 것이다. 이른바 둘째 사망이다.

3 연옥은 회개하지 않고 죽은 사람의 영혼이 살아생전의 죄가 말갛게 씻길 때까지, 정화의 감방에서 불같은 연단을 받고 천국에 들어간다는 사상이다. 천주교와 정교회 등에서 가르치는 교리이나 개신교는 받아들이지 않는다. 사람이 구원을 받기는 하였으나 가벼운 죄를 용서받지 못한 상태로 죽은 경우, 또 악습을 완전히 고치지 못한 상태로 죽은 경우에 일정한 기간 정화를 받는 곳이다. 이런 상태의 영혼은 연옥에서 죄 씻음을 마저 받아야 천국에 들어간다.

4 영혼수면설이나 영혼휴식설은 죽은 사람의 영혼이 바로 천국이나 지옥에 들어가지 않고, 마지막 심판을 받기 위해 일정 기간 먼지 속에서 잠을 자며 쉰다는 이론이다. 하나님이 예수 안에서 잠자는 자들도 예수와 함께 데리고 오신다는 말씀에 근거하나 반대하는 사람들도 있다. 한편 성도의 영혼은 부활하여 천국에서 영원히 살지만, 불신자의 영혼은 아예 사라진다는 영혼소멸설도 있다.

5 죽음은 육체에서 영혼이 분리되어 생물학적으로 목숨이 끊어진 상태이다. 육신의 세포가 활동을 중단하여 개인적 종말을 가져오며, 생

명체로서 존재적 가치를 잃게 된다. 죽음은 육체를 가진 사람에게 다가오는 필연적 현상으로 사후의 세계에 대한 두려움의 대상이다. 죽음은 인간만이 아니라 모든 생물체에 치명적이고 절망적이다. 의학적으로 잠시 목숨을 연장시킬 수는 있어도 누구나 숙명적으로 받아들일 수밖에 없다. 하지만 사람의 영혼은 하나님의 생명을 힘입어 영원히 산다. 몸이 죽으면 함께 소멸하는 동물의 목숨과 근본적으로 다르다.

6 중간 처소는 죽은 사람의 영혼이 천국이나 지옥에 들어갈 때까지 일시적으로 머무는 장소이다. 중간기는 중간 처소에서 최후의 심판을 받을 때까지 기다리는 시간이다. 사람의 사후에 대한 중간 처소나 중간기의 계시는 뚜렷하지 않다. 이런저런 견해가 있지만 지극히 부분적이거나 하나의 조각일 뿐이다. 내세나 종말에 대한 개인적 견해를 사실인 양 가르치면 이단으로 몰릴 소지가 있고, 그 계시가 희미하다고 해서 아예 모른다고 하면 불가지론자로 몰릴 여지가 있다.

7 지옥은 더러운 악마와 타락한 천사를 가두려고 하나님이 예비한 곳이다. 원칙적으로 사람이 들어갈 장소는 아니지만 부득불 악인들도 마지막 심판을 받고 들어가게 된다. 또 지옥은 현세의 극심한 고통을 의미하기도 한다. 의인의 천국과 대비되는 개념으로서 악인의 지옥은 그들을 파먹는 구더기도 죽지 않고 불도 꺼지지 않는다. 낙원과 음부는 천국과 지옥의 일부분이거나 한 모퉁이일 수 있다.

8 천국은 정치적 제국도 아니고 이상향의 유토피아도 아니다. 하나님의 통치권이 미치는 모든 영역으로서 내세와 현세를 포함하는 개념이다. 하늘나라, 하나님의 나라, 천년왕국, 신천신지, 아버지의 집, 영

원한 안식처, 예수 그리스도의 나라 등으로 성경에 나타난다. 천국에는 수정같이 맑고 깨끗한 강이 있으며, 매달 열리는 12그루의 과일나무가 있다. 성도의 완전한 섬김과 교제도 있다. 죄나 저주, 사망이나 눈물, 슬픔이나 고통이 없고, 거룩한 영광만 가득하다. 성도는 어린아이처럼 해맑고 순수하며, 사탄이나 귀신과 같은 악마가 없고, 회개하지 않은 죄인의 모습도 보이지 않는다. 천국에 들어가는 조건은 회개와 믿음이다. 다른 것이 있다면 부수적이다. 죄 용서와 의롭게 되는 것이 필수이다. 그래서 세례 요한이 말하였다. '회개하라! 천국이 가까이 왔다!' 예수도 선포하였다. '때가 찼고 하나님의 나라가 가까이 왔다! 회개하고 복음을 믿어라!'

9 천국 시민은 하늘나라 생명책에 이름이 등재된 사람으로 어린아이처럼 순수하고 겸손하다는 특징이 있다. 갓난아기가 엄마의 품을 사모하듯, 천국 시민은 하나님의 품을 사모하기 마련이다. 오늘날 천국 시민을 가장 힘들고 어렵게 하는 것이 물질의 유혹이다. 황금만능주의가 판치는 세상에서 그야말로 물질은 모든 것을 삼키고도 남는 우상이다.

10 천국 여정은 예수를 믿음으로 구원받은 사람이 그 나라까지 들어가는 일련의 노정이다. 어쩌면 영국의 작가 존 번연(John Bunyan, 1628~1688)의 『천로역정(天路驛程)』에 나타난 주인공 크리스천의 모습과 비슷할 것이다. 그래서 성경은 침노하는 사람이 그 나라를 차지한다고 하였다.

11 천국 입성의 조건은 죄 없는 의인이다. 하지만 자발적으로 된 의인

은 하나도 없다. 반드시 예수 그리스도를 믿음으로 의롭게 되어야 한다. 그리스도를 믿지 않고는 아무도 하나님의 나라에 들어갈 수 없다. 하나님이 구원받을 다른 이름을 주시지 않았기 때문이다. 그래서 성경은 모든 사람이 죄를 범하여 하나님의 영광에 이르지 못하며, 구원은 하나님의 선물로서 아무도 자랑할 수 없다고 하였다.

12 최후의 상태는 죽은 사람의 마지막 형편과 사정을 말한다. 사람은 어디서 와서 어디로 가며, 죽은 뒤에는 어떻게 지낼까? 인류의 가장 큰 난제이자 의문이다. 하지만 속 시원하게 답변하거나 설명할 수 없다. 그럴 수만 있다면 오죽이나 좋겠는가마는, 지금까지 그럴 만한 사람은 하나도 없었다. 다만 사후의 세계가 있으며, 어떤 사람은 천국에 들어가 영생을, 어떤 사람은 지옥에 떨어져 영벌을 받는다는 것이다.

제4편
교회에 대하여

✝

16. 교회

1 교회는 그리스도인 공동체로서 예배와 기도, 찬양, 성경 공부, 교제, 나눔, 전도, 봉사 등을 실현하기 위한 유기적 모임이다. 예수의 사역과 죽음, 부활과 재림에 대한 증인의 사명을 띠고, 성령의 인도로 하나님을 영광을 드러낸다.

2 교회의 권능은 그리스도 안에서 성도에게 주어진 권세와 능력이다. 하나님이 교회에 신령한 권능을 부여하시고, 성도에게 신령한 은사를 허락하신다. 따라서 교회는 성도를 구심점으로 하나님을 공경하고 이웃을 섬기며 봉사하는 기능을 갖는다.

3 교회의 권징은 그리스도 이름으로 행하는 상과 벌로서 선은 장려하고 악은 징계한다. 여기서 세상적인 잣대로 사람을 판단하지 않도록 각별히 주의해야 한다. 성경은 의인도 없고 선을 행하는 자도 없다고 선포한다.

4 교회의 분열은 창조주 하나님과 중보자 예수에 의해 세워진 하나의 교회가 하찮은 교리나 애매한 사상으로 이리저리 갈라진 모습이다. 어느 모로 보나 하나님의 뜻이 아니다. 에큐메니컬운동(Ecumenical Movement)은 종파를 초월하여 각자의 다양성을 인정하고, 교류와 협력을 통해 화해와 일치를 도모하는 정풍 운동이다. 하지만 이마저 이단시하며 거절하는 교회가 있다.

5 교회의 사명은 하나님의 뜻을 예수의 이름으로 공동체가 수행하는 역할이다. 예수는 정의 선포(파레시아), 말씀 교육(디닥시스), 복음 전파(케리그마), 병자 치유(테라퓨오), 죄인 구원(소테리아) 등 5대 사역을 3년 남짓 수행하였다. 따라서 하나님은 교회를 보호할 책임이 있고, 교회는 복음을 전할 의무가 있으며, 성도는 하나님께 감사하고 순종하며 기도해야 한다.

6 교회의 세속은 성도가 세상 풍조에 물들어 신성한 속성을 잃어가는 상태이다. 초대교회는 지역을 중심으로 자연스럽게 세워졌으나, 16세기 종교개혁을 거치며 특정 인물이나 교리에 따라 교파가 생겨났다. 그리고 공동체 교회가 유행하는가 싶더니, 이제는 사역의 특성에 따라 전문인 교회가 형성되고 있다.

7 교회의 어원은 '하나님이 구별하여 불러낸 무리'라는 뜻으로 회중이나 모임을 의미한다. 따라서 교회는 구원의 은혜에 초대받은 사람들로 그리스도의 몸을 이루며, 그리스도인은 교회의 지체로서 자부심을 갖는다. 그리스도 안에 있는 나와 너의 개체가 모여 우리라는 공동체를 구성하는 것이다.

8 교회의 재정은 반드시 주님의 뜻에 따라 선용되어야 한다. 저축은 하되 축재하지 말고, 소비는 하되 낭비하지 말며, 모금은 하되 나눠주어야 한다. 검소하게 생활하며 아낌없이 구제해야 한다. 돈을 사랑하지 말고 치부하지 말아야 한다.

9 교회의 절기는 교회가 정한 기념일과 축일이다. 대부분이 그리스도의 구속 사역에 초점이 맞춰져 있다. 하지만 개신교의 교회력은 종교개혁을 거치며 성탄절과 부활절로 제한되었다. 개혁 정신에 따라 장로교와 감리교의 전통과 관련이 깊다.

10 교회의 조직은 공동체 안에서 각자의 은사에 따라 주어진 직책으로 교회의 기능을 효율적으로 수행하기 위해 구성된 협력 기구다. 그리스도의 몸을 이루는 교회도 세상의 구조 속에 있는바, 사역의 효율성과 능률성을 제고하는 조직이 필요하다. 하지만 교회는 최소의 비용으로 최대의 수익을 추구하는 기업이 아닌바, 그 체계와 운영이 모두 달라야 하며 나눔과 섬김에 중점을 두어야 한다.

11 교회의 직분은 목사와 장로, 권사, 집사 등이다. 이는 직위나 직급이 아니라 섬김과 나눔을 위한 체계이다. 각자의 은사에 따라 교회 안에서 부여받은 봉사의 직제로서 나이나 경력에 따라 주어지는 자리도 아니다. 각자의 은사를 공동체 안에서 최대한 활용함으로써 하나님의 영광을 드러내는 것이다.

12 교회의 징계는 죄인을 회개시켜 구원으로 이끄는 사랑의 회초리다. 자녀의 잘못이나 허물을 바로잡는 아버지의 눈물 어린 매다. 하나

예수 팩트

님은 사랑하는 자녀에게 매를 들기도 하시고 벌을 주기도 하신다. 유대인은 자식의 훈도와 죄에 대한 교정 수단으로 사랑의 채찍을 든다.

13 교회의 타락은 하나님의 신성하고 거룩한 속성을 잃고 세속에 물들어 더러워진 상태이다. 예수의 제자들에 의해 세워진 초대교회는 유무상통하는 공동체로서 자연스럽게 조직된 지역 교회였다. 하지만 오늘날 교회는 지역에 관계없이 사람이나 교리에 따라 세워지고, 누구나 자유롭게 드나들며 활동하다가 싫으면 박차고 나가는 희한한 공동체가 되었다.

14 배교는 예수를 믿고 구원의 은혜를 맛본 사람이 다른 종교로 개종하는 모습이다. 이들에게 구원의 은총이 주어질 리가 만무하다. 그래서 성경은 말한다. '누가 뭐라 해도 속지 마십시오. 주님의 날이 오기 전에 먼저 하나님을 배반하는 일이 생기고, 멸망의 아들인 무법자가 나타날 것입니다.'

15 출교는 잘못을 저지른 사람이 끝까지 회개하지 않을 경우 부득이 공동체에서 내쫓는 징계이다. 초대교회는 생활 공동체로서 막상 출교를 당하면 삶의 터전을 잃었는바, 정처 없이 떠돌다가 쓸쓸히 죽을 수밖에 없었다. 징계 가운데 가장 혹독하였다.

16 회당은 예배와 성경 공부, 문화행사, 법정 등으로 다양하게 사용한 유대인의 집회소다. BC 6세기 솔로몬의 성전이 파괴됨과 아울러 바벨론으로 끌려간 유대인들이 종교와 생활공간으로 사용하였다. 오늘날 예배당은 성전이나 성소가 아니라 성도들이 모이는 집회소로서,

예배와 기도, 성경 공부, 전도, 봉사, 교제 등을 목적으로 한다.

17 성전은 BC 10세기부터 AD 1세기까지 천 년 동안 이어온 이스라엘 백성의 종교 전당이다. 오늘날 천주교의 성당이나 개신교의 예배당과 비슷한 역할을 하였으나 제사를 위한 제단과 제사장이 있었다. 구약의 제사는 십자가에 달려 죽은 예수의 속죄를 상징하였는바, 예수가 친히 제물이 되어 대속의 죽음을 죽기까지, 소와 양과 비둘기 등의 짐승이 죄인을 대신하여 바쳐졌다.

18 방주는 노아가 120년 동안에 걸쳐 건조한 배를 말한다. 하나님의 지시에 따라 특별히 제작되었다. 항해가 목적이 아니라 물 위를 안전하게 떠다니는 구조였다. 그래서 보통 배와 달리 길이 135m, 폭 22.5m, 높이 13.5m로 길이가 높이의 10배, 폭의 6배였다. 하나님이 배의 재료로 주신 잣나무(삼나무)는 내구성이 강하기로 유명하며, 접착용으로 사용된 역청도 방수에 탁월한 효과가 있었다. 부피는 1,300㎥로 화물차 520대에 이르는 용적이다. 지상의 모든 동물과 부수적 짐까지 싣고 남는 용량이다. 노아의 8식구 외에 깨끗한 동물과 부정한 동물 약 5만 마리와 그 양식까지 모두 싣고, 적어도 1년 이상 물 위를 떠돌다가 아라랏 산에 멈춰 섰다.

19 사도는 '파송된 자' 또는 '보내심을 받은 자'라는 뜻이다. 땅끝까지 복음을 전할 사명을 받았으며, 예수가 뽑아 세우고 양성하여 파송하였다. 사도가 보내심을 받은 사람이라면, 제자는 부르심을 받은 사람이다.

예수 팩트

20 에덴동산은 인류의 조상 아담과 하와가 살았던 지상 낙원이다. 행복이 머무는 파라다이스(Paradise), 환희의 유토피아(Utopia), 꿈속의 동산, 상상 속의 정원, 최선의 이상향이다. 하지만 오래전 실낙원이 되었고, 마지막 날 복낙원이 있을 것이다.

21 국가는 일정한 영토와 백성과 주권이 있어야 한다. 주권을 상실하면 식민지가 된다. 하나님이 에덴동산을 조성하시고 그 안에 사람을 두어 만물을 지배하며 다스리게 하셨다. 이게 국가의 효시다. 따라서 모든 국가의 흥망성쇠가 하나님의 섭리하에 있다. 하나님이 세우고 다스리시는 국가의 권위에 국민은 순명해야 하며, 국가는 국민을 하나님처럼 섬겨야 한다. 국민에 의한, 국민을 위한, 국민의 국가가 되어야 한다.

17. 성례

1 성례는 초대교회부터 지켜오는 거룩한 의식이다. 천주교는 7성사가 있지만 개신교는 세례식과 성찬식만 있다. 세례는 물을 뿌리거나 물에 잠김으로써 옛사람은 죽고 새사람으로 다시 태어난다는 의식이며, 성찬은 떡과 포도주를 나눠 먹고 마심으로써 예수의 수난에 동참한다는 의미가 있다.

2 세례는 예수를 구원자로 받아들이고 그리스도인이 되었다는 선포식이다. 물세례는 죽음과 부활을 상징하지만, 구원의 조건도 아니고 죄를 용서하는 수단도 아니다. 예수의 죽음과 부활에 동참한다는 뜻이며, 새로운 피조물로 살겠다는 다짐의 표시이다. 성령세례는 예수를

구주로 영접한 사람에게 주시는 하나님의 주권적 선물이다. 그리스도 인이 되었다는 사실을 하나님이 보증한다는 사인(Sign)이다.

3 유아세례는 그리스도인 부모의 믿음과 신앙고백으로 아기에게 세례를 베푸는 의식이다. 부모가 신자인 경우에 한하여 자격이 부여되며, 부모가 아기를 하나님의 말씀에 따라 잘 양육하겠다고 서약함으로써 시행한다. 이렇게 세례를 받은 아기는 장성하여 자신의 신앙고백으로 공동체에 입교하면 된다. 하지만 어린아이가 세례를 받았다는 직접적 근거는 성경에 없다. 따라서 장성하여 다시 세례를 받을 수도 있다.

4 성찬은 예수가 12제자와 함께 나눠 먹은 마지막 유월절 식사, 곧 최후의 만찬에서 비롯되었다. 오늘날 성찬은 예수의 말씀에 따라 사도들이 전수하고 초대교회가 계승한 전례로서, 예수의 고난과 죽음을 되새기고 기억하는 의식이다. 사랑의 애찬은 초대교회 성도들이 예배를 드리고 나서 함께 먹은 공동 식사다. 이 또한 유대인의 유월절 식사에서 비롯되었다.

5 할례는 음경의 귀두를 덮은 표피를 잘라내는 의식이다. 오늘날 포경수술과 비슷하나 유대인에게는 특별한 의미가 있었다. 구약시대는 특별한 의료도구나 의약품이 없었다. 날카로운 차돌을 갈아 남성의 생식기를 덮은 피부를 잘라냈던 것이다. 하나님의 백성이 되는 표시로서 상당한 고통을 감수하였으나, 유대인은 대단한 자부심을 가지고 있었다. 이른바 선민의식이다.

18. 헌금

1 헌금은 율법적 성금이 아니라 신앙적 성심이다. 하나님께 바친다는 심정으로 교회에 헌금하여 목적에 따라 사용한다. 하나님은 의무적 헌금이 아니라 자발적 헌신을 원하신다. 넓은 의미의 헌금은 예물과 선물, 헌신과 봉사 등을 모두 포함한다. 예물은 격식을 갖춰 바치는 감사의 표시이며, 선물은 순수한 동기에서 주고받는 고마움의 표시다. 예물은 격식 없이 주고받는 선물에 비해 다소 정중하게 드리는 것이다. 그러므로 헌금은 하나님의 은혜에 대한 감사의 표시이며, 감사 없는 헌금은 뇌물일 뿐이다. 뇌물은 이기적 목적으로 억지로 준다.

2 십일조는 순수입의 1/10에 해당하는 금품이다. 신자들이 하나님께 바치는 마음으로 교회에 낸다. 십일조 정신은 규정이 아니라 믿음에서 나온다. 모든 헌금은 만물의 주인이신 하나님의 소유권을 인정하는 신앙고백이다. 십일조의 율법적이고 의무적인 규정은 완전히 폐기되었다. 하지만 수입의 1/10도 하나님의 선한 일을 위해 사용하지 못하는 사람은 불행하다. 참으로 하나님의 은혜로 구원을 받았는지, 예수를 주인으로 모시고 살아가는지 살펴보아야 한다.

십일조의 의무적 규정 때문에 마지못해 억지로 바치는 사람은 더욱 불행하다. 하나님의 마음을 몰라도 너무 모르는 사람이다. 자신이 정말 성령으로 거듭났는지, 예수를 구원자로 영접하였는지 돌아보아야 한다. 더욱이 복을 받기 위한 수단으로 십일조를 바치는 사람은 더더욱 불행하다. 그는 하나님을 도깨비방망이로 여기는 기복적 신앙에 깊이 빠져 있다.

그러나 주님이 베푸신 구원의 은혜에 감사하여 믿음으로 십일조를 바치는 사람은 행복하다. 주님의 소유권을 인정하고 십일조에 구애 없이 아낌없이 바치는 사람은 더욱 행복하다. 자신의 인생을 통째로 바치고 헌신하는 사람은 더더욱 행복하다. 그래서 하나님이 말씀하셨다. '내가 반기는 것은 제물이 아니라 사랑이다. 제물을 바치기 전에 이 마음을 먼저 알아다오.'

일찍이 대제사장의 수탈로 생계가 어려워진 하급 제사장들이 호구지책의 일환으로 백성에게 십일조를 강조하였다. 십일조의 취지와 정신은 아랑곳하지 않고 율법적 의무만 강조하여 기복적 수단으로 전락시켰다. 오늘날 교회도 마찬가지다. 십일조의 정신은 가르치지 않고 종교적 수단으로 강요하여 편의에 따라 사용함으로써, 역시 기복적 문제가 발생하였다. 기복 신앙은 기독교의 최대 걸림돌이다. 그래서 예수가 말하였다. '눈먼 인도자들아, 너희가 하루살이는 걸러내고 낙타는 통째로 삼키는구나!'

3 대제사장은 구약시대의 제사를 주관한 제사장 가운데 가장 큰 어른이다. 초대 대제사장은 모세의 형 아론으로 그 후손이 대를 이어 충성하였다. 종신직으로 매년 한 번씩 지성소에 들어가 백성을 위해 희생 제물을 드렸으며, 하나님과 백성의 중보자로서 사명을 감당하였다. 이스라엘 백성을 대표하는 영적 지도자로서, 그가 죽으면 한 시대의 종말을 고하였다.

4 제사는 번제, 소제, 화목제, 속죄제, 속건제가 있었다. 하나님께 제물을 바치는 구약시대의 의식이다. 제물을 불에 태워 드린 번제는 헌신을, 곡식으로 드린 소제는 감사를, 형편에 따라 소나 양, 염소 등으로 드린 화목제는 화해를, 신분에 따라 제물을 달리 드린 속죄제는 부

지중에 지은 죄의 용서를, 이웃에게 해를 입혔을 때 드린 속건제는 피해보상을 위한 것이었다. 또 제사의 방식은 제물을 불로 태워 바친 화제, 높이 들어 바친 거제, 아래위로 흔들어 바친 요제, 술이나 기름을 쏟아 부으며 바친 전제가 있었다. 한 제사에 여러 방식이 동시에 거행되기도 하였다.

5 절기는 무슨 날을 기념하거나 특정 인물을 기억하기 위해 만든 유대인의 축일로 하나님의 법이나 규정처럼 지켰다. 그러나 오늘날 교회는 유대인의 절기를 그대로 받아들이지 않는다. 현실과 맞지 않을뿐더러 나라와 민족이 다르고 문화와 풍습도 다르기 때문이다. 하지만 그 절기에 내포된 하나님의 뜻과 정신은 매우 숭고한바, 계속해서 이어받아야 한다.

6 번영신학은 하나님을 믿으면 누구나 물질 축복을 받고 풍요를 누린다는 이론으로 가장 비성경적이다. 자신의 부귀영화를 위해 하나님을 이용할 수 있다는 치명적 오류를 범하고 있다. 인간의 탐욕을 교묘히 이용한 그리스도 장사꾼들이 초대교회부터 지금까지 계속 이어지고 있다. 인간의 욕심이 역사상 가장 큰 우상이다. 그래서 예수는 하나님과 재물을 겸하여 섬길 수 없다고 단호히 말하였다.

7 세금은 국가나 지방자치단체가 공동 경비에 충당하기 위해 강제로 거둬들이는 금품이다. 국가에 대한 국민의 5대 의무로서 2019년부터 종교인도 세금을 납부하게 되었다. 하지만 전체 종교인 가운데 20% 정도로서 그나마 납부하는 세금보다 환급받는 장려금이 더 많다고 한다.

19. 기도

1 기도는 하나님과 허심탄회하게 나누는 영적 대화다. 자신이 죄인임을 깨닫고 진지하게 회개해야 한다. 예수를 자기 구원자로 영접해야 한다. 자신의 소원을 진지하게 아뢰고 하나님의 뜻에 따라 순종해야 한다. 예수를 구주로 영접한 사람은 누가 시키지 않아도 스스로 감사하며 기도하게 된다. 이는 사람의 본성이다. 따라서 기도는 어떤 의식이나 방식을 요구하지 않는다. 아무리 못 하게 말려도 거듭난 사람은 자연히 기도하게 된다. 하지만 기도를 만능열쇠로 생각해서는 곤란하다. 인생 만사를 해결하는 수단이 아니라는 말이다. 기도는 문제 해결의 방편이 아니라 하나님의 뜻을 분별하여 준행하는 과정이다. 하나님의 뜻대로 살아가려는 몸부림이요, 믿음의 표현이다.

2 기도 방법은 특별히 정해진 것이 없다. 부자간의 대화에 무슨 절차나 방법이 필요하겠는가? 다만 믿음의 조상들이 남긴 모범적 기도는 본받을 필요가 있다. 유대인은 기도할 때 무릎을 꿇어 겸손을 표시하였다. 하늘을 향해 두 팔을 벌리고 서거나 다소곳이 머리를 숙이고 앉아 진지함을 드러내었다. 가끔씩 가슴을 치고 통회도 하였으며, 벽을 바라보고 한없이 울기도 하였다. 기도하기 전에 먼저 하나님의 은혜에 감사하고 찬양하였으며, 일상사에서 자신이 지은 죄를 자복하고 회개하였다. 그리고 자기 소원을 아뢰고 이웃을 위한 중보도 하였다.

3 기도 본질은 영적으로 숨을 쉬는 것이다. 육신이 기관지로 숨을 쉬듯이 영도 기도로 숨을 쉰다. 우리가 신앙생활을 제대로 하려면 반드시 기도해야 한다. 기도는 하나님과 교제하고 교통하는 방법이다.

하나님의 말씀이 믿음을 성장시키는 영적 양식이라면, 기도는 영혼을 맑게 하는 영적 호흡이다. 몸이 호흡을 통해 정화되는 것처럼 영혼도 기도를 통해 맑아진다.

4 기도 자세는 기도자의 마음가짐이나 태도 등을 말한다. 성도는 수시로 하나님과 교제하고 대화할 수 있다. 기도의 방식은 틀에 박히지 않았으나 거룩하신 하나님과 대면하고 있다는 사실만은 견지해야 한다.

5 기도 종류는 기도의 방식에 따라 개인기도와 합심기도, 침묵기도와 통성기도 등이 있다. 원칙적으로 기도하는 방법도 형식이나 제한이 없다. 사정과 형편에 따라서 자유롭게 주님과 교통하면 된다. 조용히 속삭이거나 큰 소리로 부르짖을 수도 있다. 즐거이 노래를 부르거나 하염없이 울면서 할 수도 있다. 묵상 가운데 하나님의 세미한 음성을 들을 수도 있다.

6 기도 효과는 기도를 통해 드러나는 결실이다. 기도는 단순히 무엇을 구하거나, 소원을 빌거나, 대화하는 그 이상의 효과가 있다. 하나님은 신자나 불신자를 무론하고, 원칙적으로 이 세상 모든 사람의 기도를 다 들어주신다. 하지만 악한 생각이나 이기적 목적으로 구하는 기도는 단호히 물리치신다. 그러므로 신자의 기도라고 해서 기도를 다 들어주지도 않고, 불신자의 기도라고 해서 다 배척하지도 않는다. 기도로 인하여 맺는 그 열매를 보고 응답하시기 때문이다. 우리는 언제 어디서나 기도를 통해 하나님의 풍성한 은혜를 누릴 수 있다. 기도함으로 평화를 누리고, 두려움에서 해방되며, 지혜와 총명을 얻고, 해와 고통에서 벗어나 참 자유와 기쁨을 맛보게 된다.

7 관상기도는 묵상기도에서 진일보한 직관기도나 구심기도를 말한다. 이는 사람에 따라 받아들이는 의미가 다를 수 있다. 마음을 비우고 집중하면 하나님의 음성을 들을 수 있다는 논리이다. 아울러 관상 영성은 묵상 등을 통해 신비한 경험을 추구한다는 논리다. 하지만 개인의 주관적 체험이 보편적 신앙심을 해칠 우려가 있다.

8 묵상기도나 침묵기도는 마음속으로 하나님과 내밀하게 교통하는 대화다. 명상이 깊은 생각에 잠기는 것이라면, 묵상은 영적으로 하나님과 대화하는 것이다. 그리스도인이 주님과 깊은 교제를 나누려면, 무엇보다도 먼저 일정한 시간을 정해놓고 묵상하는 시간을 가져야 한다. 세상 풍조에 물들지 않고 깨끗한 신앙생활을 유지하려면, 하나님과 조용히 만나는 시간이 꼭 필요하다.

9 새벽기도는 한국 교회의 미풍양속으로 자리매김하였다. 예수도 이른 새벽에 일어나 한적한 곳을 찾아가 기도하였다. 하지만 시간이나 장소 등에 특별히 구애받지 않았다. 이에 집착하면 하나님의 주권적 은혜가 인본주의 신앙으로 변질될 수 있다. 심야기도나 철야기도도 자발적으로 자유롭게 하는 것이 좋다.

10 중보기도는 다른 사람을 위한 기도다. 어거스틴(Aurelius Augustine, 354~430)의 어머니 모니카(Monica)의 눈물 어린 기도가 대표적 모델이다. 예수도 십자가를 목전에 두고 자기를 찌른 군병들과 제자들을 위해 기도하였다.

11 축복기도는 예배를 마치면서 인도자가 성부와 성자와 성령의 이름

으로 회중의 복을 비는 기도다. 다른 사람을 위한 기도로서 축도라는 축복기도와 도고라는 중보기도가 있다. 축복기도와 중보기도의 차이는 특별히 없으나, 기도하는 사람의 위치에 따라 다를 수 있다.

12 땅밟기기도는 어느 모로 봐도 무속적 미신 행위에 가깝다. 일찍이 하나님이 여호수아에게 말씀하신바, 너희 발바닥으로 밟는 곳을 내가 다 주겠다고 하신 데서 유래를 찾는다. 오늘날 일부 교회는 목회자가 주동하여 땅 밟기 행사를 한다. 정초에 악귀를 쫓아내고 경사를 기원한다는 지신밟기 민속놀이와 같다.

13 주기도문은 예수가 제자들에게 가르친 가장 모범적 기도다. 초대교회부터 지금까지 모든 교회가 인정하고 있다. 하나는 누가복음 11장에 조금 짧게 기록되었고, 다른 하나는 마태복음 6장에 조금 길게 기록되었다. 그 내용은 다소 다르지만 의미는 같다.

14 주님의 형제 야고보는 62년경 순교하였다. 그에 대한 이야기가 초대교회 교부 헤게시푸스(Hegesippus)의 기록에 남아 전해진다. '주님의 형제 야고보는 사도들로부터 교회를 이어받았다. 그는 포도주나 술을 마시지 않고 생명이 있는 음식도 먹지 않았다. 얼굴에 면도도 하지 않고 머리에 기름도 바르지 않았으며 목욕도 하지 않았다. 그는 홀로 성전에 들어가는 습관이 있었다. 종종 무릎을 꿇고 백성을 위해 간구하는 모습이 보였다. 이처럼 쉬지 않고 무릎을 꿇었던바, 그의 무릎은 낙타의 발처럼 딱딱하였다. 그는 의인으로 오블리아라 불리었다. 오블리아는 그리스어로 정의를 뜻한다.'

20. 종교

1 종교는 유일신 하나님을 숭배하고 으뜸 이치를 가르치는 일이다. 절대자나 초월자의 힘을 빌려 인간의 근본적인 문제를 해결하려는 신앙적 체계다. 현세의 안녕과 내세의 복락을 동시에 추구하고, 삶의 의미를 깨달아 인생의 고뇌를 해결함으로써, 인간의 궁극적 행복을 찾으려는 갈망에서 비롯되었다. 신이 종교를 만든 것이 아니라 인간이 신을 찾아 섬기는 것이다.

일반적으로 종교는 자기네 교리를 준수하고 특별한 의식을 행함으로써, 부귀영화와 입신양명, 무병장수와 자손번창 등 현세의 복을 추구하며, 사후의 복락까지 기대할 수 있다고 가르치며 신자들의 희생을 강요한다. 하지만 기독교는 특정 교리나 의식을 요구하지 않는다. 이미 주어진 은혜를 그냥 받아서 풍성히 누리라고 가르친다.

사람은 누구나 예수 그리스도에 의해 선포된 구원의 은혜를 받아 누릴 수 있다. 아무도 그 권리를 막을 수 없다. 그러면 누가 시키지 않아도 자연히 하나님을 섬기며 이웃을 사랑하게 된다. 그리고 감사함으로 순종하고 기도하며 하나님께 영광을 돌린다. 예수를 구원자로 받아들임으로써 일어나는 극적 변화요, 중생의 체험이다. 그래서 예수는 죽음을 극복하고 사망의 독을 제거함으로써 모든 사람에게 희망을 주었다.

2 개신교는 16세기부터 18세기까지 이어진 종교개혁으로 가톨릭에서 분리된 종파다. '오직 성경' '오직 믿음' '오직 은혜'라는 기치를 내걸고 야심 차게 출발하였으나, 성공회와 루터교, 장로교, 침례교, 감리교, 성결교, 구세군, 오순절 등 숱한 교파를 양산하는 결과를 초래하였다.

3 교파는 교리나 의식 등의 차이로 갈라진 교회나 단체를 말한다. 어느 누구도 원치 않았으나 사탄이 교권주의와 배타주의, 이기주의 등을 부추겨 고착화시켰다. 교파가 발생한 원인은 그야말로 천태만상이다. 저마다 나름대로 합리화하고 논리도 펴지만, 교회의 분열은 결코 주님의 뜻이 아니다.

4 기독교는 오랜 진통 끝에 태어났다. 30년경 유대교의 개혁파로 시작하였다가 90년 이단으로 정죄되었고, 313년 비로소 독립 종교로 승인되었다. 따라서 유대교의 구약성경을 그대로 사용하며, 그 예언에 의해 예수가 구원자로 세상에 왔으며, 사도들이 기록한 신약성경을 새로운 경전으로 삼는다. 기독교는 하나님의 사랑과 예수의 희생으로 세워진 십자가의 종교이다. 십자가는 하나님과 사람 간의 수직적 사랑과 사람과 사람 간의 수평적 사랑을 뜻한다. 따라서 율법을 준행함으로써 하나님을 섬기는 계율적 종교가 아니라, 예수 그리스도를 믿음으로 성령과 함께하는 관계적 종교다. 유대교의 유일신 하나님을 삼위일체로 받아들이고, 예수를 유일한 구세주로 인정하는 특징이 있다.

5 동방정교회는 러시아 정교회, 그리스 정교회 등 13개 자치교회의 총대주교를 가진 수평 교회다. 사제의 결혼을 수용하고 수염을 기르는 등 사도들의 전통을 그대로 이어간다. 현재 3억 명의 신자가 있으며, 개신교와 활동을 함께하지만 서방교회인 천주교와 공통점이 더 많다.

6 유대교는 토라(모세오경)를 중심으로 유일신 야훼 하나님을 숭배하는 유대인의 민족 종교다. 하나님의 임재를 인간의 행위와 인류의 역

사에서 경험한다는 이행득의 종교로서, 넓게는 아브라함에서 4,000년, 좁게는 에스라와 느헤미야 등 제2성전 재건에서 2,500년간 이어진 신앙 체계다.

인자시대 당시 유대교의 파벌은 바리새파, 사두개파, 에세네파, 열심당, 헤롯당, 율법학자(서기관), 그리고 땅의 백성(암 하레츠)이라 불린 하층민이 있었다. 이들은 예루살렘이 멸망하고 성전이 파괴되면서 서서히 역사의 뒤안길로 사라졌다.

바리새파(Pharisees)는 '분리된 사람들'의 뜻이다. 헬레니즘 문화를 배척하고 율법 준수를 강조하며 백성의 지도자로 군림하였다. 죄인과 함께 먹지도 않고 자리에 같이 앉지도 않았다. 율법을 지나치게 확대 해석하여 오히려 백성을 율법의 올무에 가둬버렸다. 그래서 예수로부터 가장 심한 질책을 받았다.

사두개파(Sadducees)는 솔로몬 시대의 제사장 사독의 후예로서 성전을 중심으로 형성된 귀족 그룹이었다. 그들은 모세의 율법만 인정하고 장로의 유전은 인정하지 않았다. 그래서 바리새파와 사사건건 대립하였다.

에세네파(Essenes)는 성경에 나타나지 않은 경건주의자로 수도원 등에서 은둔 생활을 하였다. 낙타 털옷을 입고 쥐엄나무 열매와 석청을 먹으며, 광야에서 회개 운동을 펼친 세례 요한이 에세네파 출신으로 짐작된다.

열심당(Zealots)은 로마의 압제에서 벗어나기 위해 민족해방 운동을 펼친 독립 단체였다. 주로 갈릴리를 중심으로 활동하였으며, 일제 강점기 한국의 독립군과 비슷하였다.

헤롯당(Herodians)은 로마 황제가 임명한 헤롯왕을 추종한 세력으로 로마의 권력에 밀착하여 동족을 괴롭혔으며, 한국의 친일파와 같은 기회주의자였다.

율법학자(Sofer)는 율법과 사회적 규범 등을 해석하고 가르친 학자들로 바리새인과 함께 예수의 책망을 가장 많이 받았다.

그리고 땅의 백성은 하층민, 곧 사회적 소외 계층으로 비천한 생활을 하였다. 사마리아인과 같은 혼혈족, 세리, 창기 등이었다.

7 율법은 하나님의 계명과 명령, 지시, 규례, 도덕 기준, 법령, 교훈 등을 포함한 넓은 의미로 사용되었다. 어느 때는 구약성경을, 어느 때는 모세오경을, 어느 때는 십계명을 의미하였으나, 예수가 하나님을 사랑하고 이웃을 사랑하라는 큰 계명으로, 서로 사랑하라는 새 계명으로 완성하였다.

8 종교개혁은 독일의 루터(Martin Luther, 1483~1546), 스위스의 츠빙글리(Zwingli, 1484~1531), 프랑스의 칼뱅(Jean Calvin, 1509~1564), 스코틀랜드의 녹스(John Knox, 1514~1572) 등에 의해 일어난 16세기 혁신 운동이다. 로마가톨릭(천주교)에서 프로테스탄트(개신교)가 분파되는 결과를 낳았다.

9 한국 종교는 신자 수에 따라서 기독교(예수), 불교(석가모니), 유교(공자), 원불교(박중빈), 대순진리교(일명 증산교, 강일순), 천도교(최제우, 손병희), 대종교(일명 단군교) 등이 있다. 기독교는 천주교와 정교회, 개신교 등이 있다. 천주교는 한국천주교주교회의 의장이, 개신교는 한국기독교교회협의회와 한국교회총연합회의 회장이, 천도교는 교령이, 원불교는 교정원장이, 유교는 성균관장이, 불교는 조계종 총무원장이, 한국민족종교협의회는 협회장이 종교를 대표한다.

10 힌두교는 문자 그대로 인도의 종교다. 세계에서 가장 오래된 종교로서 특정 교조나 교리, 중앙집권적 권위나 위계 조직이 없으며, 약 3,500년 동안에 걸쳐 다양한 신앙 형태로 융합되었다. 다신교로 수많은 신을 가지고 있으며, 그들 중에 최고의 신은 창조주 브라마(Brahma)이다.

제5편
성경에 대하여

21. 성경

1 성경은 하나님의 말씀으로 사랑의 표현이요, 정의의 계시요, 영원한 진리다. 종교적 세뇌를 배척하며, 논리적 해석이나 과학적 입증을 요구치 않는다. 구태여 사실임을 드러낼 필요도 없다. 그리스도 예수 안에서 구원으로 인도하는 나침반이다. 사람은 성경으로 온전하게 되며, 믿음으로 선한 역량을 발휘한다.

2 성경은 유대교와 기독교, 이슬람교가 모두 사용하는 경전이다. 영어 바이블(Bible)은 책들(Books)이라는 의미의 그리스어 비블리아(Biblia)에서 비롯되었으며, 비블리아는 성경의 재료인 파피루스(Papyrus) 수출로 유명한 레바논의 항구 도시 비블로스(Byblos)에서 유래되었다.

3 성경은 구약(Old Testament) 39권과 신약(New Testament) 27권으로 모두 66권이다. 구(舊)는 예수가 태어나기 전을, 신(新)은 예수가 태어난 후를 말하며, 약(約)은 하나님의 약속을 의미한다. Testament는 유

언 또는 계약이라는 뜻이다.

4 성경은 구약이 신약보다 3배쯤 많다. 구약은 BC 15세기부터 BC 4세기까지 1,100년간 기록되었고, 신약은 AD 1세기 기록되었다. 따라서 성경은 1,600년 동안에 걸쳐 40여 명의 저자에 의해 완성되었다.

5 외경(外經)과 위경(僞經)은 66권 정경(正經)에서 제외된 경전이다. 외경은 내용이 지나치게 신비하거나 위조된 흔적이 있는 가필 문서이고, 위경은 내용뿐만 아니라 저자까지 불투명한 가짜 문서이다.

6 정경은 표준 또는 기준이라는 뜻의 그리스어 카논(Canon)에서 유래하였고, 수차례의 종교회의를 거쳐 결정되었다. 기준은 신뢰할 만한 저자가 성령의 영감을 받아 기록했는가에 있었다. 구약 39권은 90년 이스라엘 얌니아(Jamnia) 회의에서 결정되었고, 신약 27권은 397년 튀니지 카르타고(Carthago) 회의에서 결정되었다. 하지만 66권을 통틀어 정경이라 부르기 시작한 때는 5세기경이다.

7 성경 구조는 키아즘(Chiasm) 방식으로 대칭과 병행, 순환을 반복한다. 신구약을 통틀어 빈번히 사용된 유대인의 문학적 표현으로 하나님의 위대함과 전능함을 드러낸다. 성경은 하나님의 특별 계시로서 영원한 진리요, 은혜의 거울이다. 인간에게는 최고의 선물이요, 구원의 나침반이다. 그래서 성경은 절대적 권위와 초월적 능력을 내포하고 있다. 천연한 옛사람을 변화시켜 신령한 새사람으로 바꿔놓는다. 사람의 영과 혼과 골수를 쪼개기도 하며, 생각과 감정과 의지까지 송두리째 바꾸고도 남는다.

8 성경 말씀은 성도의 영적 양식이다. 음식이 육신을 튼튼하게 하듯이 말씀이 영혼을 충만케 한다. 육신이 음식을 필요로 하듯 영혼도 말씀을 필요로 한다. 예수 그리스도를 믿고 영혼을 살찌게 하는 필수 요건이다.

9 성경 무대는 고대사회의 근동 지역이다. 이라크에서 이집트에 이르는 지중해 동쪽 연안, 비옥한 초승달 지대라 불리는 곳이다. 큰 강과 넓은 평야가 위치하여 인류 역사상 가장 먼저 농경문화가 발생하였고, 교통의 요충지로 여러 민족이 왕래하였다. 다양한 문화가 뒤섞여 발달했으며 고대 문명의 중심지가 되었다. 또 성경의 무대는 우리가 생각하는 것보다 훨씬 크고 넓다. 팔레스타인 외 시리아, 사우디아라비아, 이란, 이라크, 터키, 그리스, 이집트, 이탈리아, 로마까지 확장된다. 하지만 주 무대는 역시 팔레스타인이다. 팔레스타인(Palestine)은 지중해 남동쪽, 곧 이스라엘, 레바논, 요르단 등을 통칭하는 지역이다. 일찍이 블레셋(Philistia) 사람이 텔아비브(Tel Aviv)를 비롯한 연안 지역에 살았다고 해서 붙여진 이름이다.

10 성경 문화는 히브리의 헤브라이즘(Hebraism)에서 그리스의 헬레니즘(Hellenism)으로 이어졌다. 헬레니즘은 BC 334년 알렉산더 대왕의 동방 원정으로 시작하여 BC 30년 로마가 이집트를 병합할 때까지, 약 300년간 그리스와 오리엔트가 주고받은 역사적, 문화적 현상이다. 오리엔트(Orient)는 '해 뜨는 곳'이라는 뜻으로 지중해 동쪽의 나라, 곧 이집트, 페니키아, 메소포타미아, 페르시아 등을 말한다. 넓게는 아시아 서남부와 동북 아프리카를 포함한다.

11 성경 상징은 숫자와 색깔, 동물, 물건, 크고 작은 사건이나 사고, 그저 평범한 일처럼 보이는 자연 현상까지도 그 의미를 가지고 있다는 뜻이다. 숫자 1은 시작을 나타내는 수로서 하나님의 유일성과 통일성과 절대성을, 2는 최소한의 나눔이나 조화나 증인을, 3은 완전한 하나님과 하늘나라를, 4는 춘하추동 사계절과 동서남북 사방위와 땅을, 5는 은혜와 축복과 책임을, 6은 완전수 7에서 1이 부족한 불완전을, 7은 3에다 4를 더한 수로 하늘과 땅의 수가 합쳐진 완전을, 8은 재창조와 부활을, 9는 미완성을, 10은 가득 찬 만수를 의미한다.

12는 하나님의 계획과 다스림의 수로서 이스라엘 12지파와 예수의 12제자, 하늘의 12문, 성벽의 12기초, 12그루의 생명나무 등이 있다. 24는 12의 배수로 신구약 모든 성도의 수이며, 레위 지파를 24반열로 나눈 제사장과 하늘 보좌를 둘러싼 24장로 등이 있다. 40은 한 세대의 연수로 유대인의 광야 생활, 노아의 대홍수, 예수의 금식기도와 관련이 있다. 50은 자유와 기쁨을 상징하는 희년의 수다.

490은 천지 창조의 기간 7일에 70을 곱한 해방의 수이며, 666은 불완전한 수가 3개 모여 환란과 저주가 초래된다는 사탄의 수이며, 1,000은 만수 10을 3번 곱한 수로 충만을 의미하며, 12,000은 충만 수인 1,000에 12를 곱한 수로 하나님의 통치가 미치는 모든 영역을 의미하며, 144,000은 1,000을 12배하고 또 12배한 수로 선택받은 하나님의 모든 백성을 의미한다.

그리고 어린 양은 예수 그리스도를, 양은 성도를, 송아지는 순종을, 말은 전쟁을, 용이나 뱀은 사탄을 상징한다. 흰색은 순결을, 푸른색은 희망을, 붉은색은 피나 사탄을, 검은색은 슬픔이나 죽음을 상징한다.

12 성경 언어는 히브리어와 약간의 아람어 그리고 헬라어다. 구약은

아람어로 기록된 0.1%를 제외하고 모두 히브리어로 기록되었으며, 신약은 99.9%가 고대 그리스어 코이네(Koine)이다. 이는 BC 5세기 그리스의 우수한 방언을 모아 만들었으며, 알렉산더 대왕의 동방 원정을 계기로 널리 확산되었다. 로마 제국이 붕괴될 때까지 지중해 세계의 공용어로 사용했으며, 인자시대의 통상적 언어도 코이네 그리스어였다.

13 성경 역사는 시작도 없고 끝도 없이 영원부터 영원까지 이어진다. 창세기 1장 1절의 태초(레쉬트)는 시간의 시작을 뜻하고, 요한복음 1장 1절의 태초(아르케)는 시간이 없는 영원을 의미한다. 따라서 요한계시록의 새 하늘과 새 땅은 역사의 끝이자 새로운 시작이다. BC 722년 지중해 세계를 정복한 아시리아(Assyria)가 북 왕국 이스라엘을 멸망시켰으며, 이어서 나타난 바빌로니아(Babylonia)가 BC 586년 남 왕국 유다까지 멸망시켰다. 우리 민족이 일제 강점기에 36년 동안 설움을 겪었듯, 이스라엘 민족도 지중해 세계를 정복한 주변 강대국들에 의해 수백 년 동안 어려움을 겪었다.

14 성경 오류는 무슨 연유로 인해 원문에서 약간씩 벗어난 구절이나 단어를 말한다. 필사나 번역 과정에서 비롯되었다. 성령의 영감으로 기록된 원문에는 오류가 발생할 여지가 없었으나 필사본은 그렇지 않다. 원본을 필사한 것도 아니고 필사본에 의한 필사본이다. 필사본은 한 글자 한 글자를 사람의 손으로 일일이 옮겨 쓴 것이다. 여러 사람이 필사하는 과정에서 오류가 없었다고 보기 어렵다.

15 성경 원본은 존재하지 않으며 사본의 사본만 수천 편에 이른다. 1947년 한 목동에 의해 발견된 사해사본은 기원전 1세기에 기록된 문

서로 밝혀졌다. 사해 근처에 있는 쿰란 지역의 동굴에서 여러 번에 걸쳐 발견되었다. 이사야서 완본과 시편, 하박국서를 비롯한 정경, 여러 외경과 다양한 문서가 나왔다.

16 성경 인물은 약 3,000명으로 그들이 활동한 지역은 1,500개 정도이다. 모든 성경이 예수 그리스도의 구속사적 관점에서 일관성을 유지하며 하나님의 크고 위대함을 나타내고 있다. 사람은 하나님의 뜻을 깨닫고 실천함으로써 하나님의 영광을 드러내야 한다.

17 성경 장과 절은 비교적 후대에서 나눠졌다. 장은 1248년, 절은 1551년에 생겼으며, 장과 절이 기재된 최초의 성경은 1560년 출간된 제네바 성경이다. 오늘날 개신교에서 인정하는 66권의 성경은 1,189장 31,173절로 구성되었다. 구약성경이 929장 23,214절, 신약성경이 260장 7,959절이다.

18 성경 저자는 성령이고 기자는 인간이다. 인간이 성령의 감동으로 하나님의 말씀을 기록하여 교회가 조화롭게 배열하고 편집하였다. 인간의 개성이나 의지가 사용되기는 하였으나, 성령의 감동에 의해 하나님의 뜻이 제대로 반영되었다는 뜻이다. 하지만 장구한 세월을 거쳐 필사되고 번역되는 과정에서 원문을 다소 벗어난 낱말이나 오류가 생기게 되었다. 그럼에도 하나님의 뜻이 변질되거나 바뀌지는 않았다. 성경의 신적 권위가 변할 정도는 아니라는 말이다.

19 성경 해석은 성령의 조명을 받아 성경으로 풀어야 안전하다. 하나님의 말씀을 억지로 풀거나 인위로 해석해서는 안 된다. 성경은 이해

하기 힘들고 난해한 구절이 많다. 우선 사람의 이성과 논리의 한계를 인정해야 한다. 억지 논리나 비약적 해석은 절대 금물이다. 성경은 있는 그대로 믿고 받아들여야 한다. 성령의 조명은 성경을 읽고 이해하는 데 필수불가결 요건이다. 성령의 빛이 사람의 내면을 비춰야 비로소 그 진리가 드러난다는 말이다. 그러므로 성경을 읽기 전에 먼저 기도해야 한다. 믿음의 유무를 떠나서 누구나 기도로 성령의 도움을 구해야 한다.

20 성경 핵심은 예수 그리스도의 십자가와 부활 그리고 재림이다. 구약은 그 모형이고 신약은 원형이다. 이를 증언하기 위해 초대교회 성도들은 날마다 모여 기도하고, 밖으로 나가 복음을 전하며, 이웃 섬기기를 마다하지 않았다.

22. 교리

1 간격이론(Gap theory)은 창세기 1장 1절과 2절 또는 3절 사이에 오랜 시간이나 여러 시대가 있었다는 논리이다. 1절과 2절을 원시창조, 3절 이후를 재창조라 부른다.

2 계대결혼(繼代結婚)은 형이 결혼하여 자녀를 두지 못하고 죽으면 동생이 형수를 아내로 맞아 대를 이어주는 제도다. 자기 가문의 재산이 다른 가문이나 지파로 넘어가지 못하게 하는 방편이었다. 죽은 사람의 재산을 상속하고 대를 이어주며, 미망인을 보호한다는 취지도 있었다. BC 1세기 한국의 부여에서도 형사취수(兄死娶嫂)라는 수혼 제도가 있었다.

3 과거주의(Preterism)는 성경에 기록된 종말적 예언들이 이미 성취되었다는 이론이다. 70년 예루살렘의 성전이 파괴되면서 모든 예언이 다 이루어졌으며, 요한계시록의 새 하늘과 새 땅도 이미 세상에 드러났다는 것이다. 1세기 세대가 지나가기 전에 종말의 예언이 다 이루어진다는 말씀에 근거한다.

4 공룡(恐龍)은 BC 2억 5,000만 년에서 BC 6,500만 년 사이에 살았던 중생대의 파충류로서, 3,500년 전의 사람들이 알 수 있는 범위에 있지 않았다. 하지만 성경 곳곳에 오늘날 특정 생물을 지칭할 수 없는 바다의 괴물이나 옛 뱀, 용, 힘센 생물 등의 파충류가 언급되고 있다는 사실은 눈여겨볼 만한 대목이다.

5 네피림(Nephilim)은 하나님의 아들들과 인간의 딸들 사이에서 태어난 가나안 땅의 거인족을 말하며, 그 의미는 '다른 사람을 넘어뜨리는 자'이다. 에녹서 등 여러 외경에도 나오는 장사로서 하나님의 마음을 근심시키고 한탄하게 하였던바, 결국은 홍수 심판의 원인이 되었다.

6 대체신학(代替神學)은 하나님이 이스라엘을 버리고 교회를 통해 구원을 이루신다는 이론이다. 이스라엘에 대한 예언과 축복이 이제는 교회를 통해 성취된다는 말이다. 하지만 세대주의는 성도의 휴거 이후 이스라엘을 먼저 회복시킨다고 주장한다. 이는 모두 주마간산의 논리로서 하나는 보고 둘은 보지 못한 사상이다. 하나님은 유대인이나 이방인을 차별하지 않으며, 이제는 누구나 예수 그리스도를 믿음으로 구원을 받는다.

7 동해보복(Talion)은 눈은 눈, 이는 이, 손은 손, 발은 발로 갚으라는 고대사회의 한시법이다. 이는 남에게 상해를 입힌 대로 자기도 그만큼 돌려받아야 한다는 논리다. 상해를 당한 사람이 감정에 치우쳐 더 큰 상해를 상대방에게 가함으로써, 점점 더 불거질 수 있는 보복의 악순환을 미연에 방지하려고 제정되었다.

8 디아스포라(Diaspora)는 세계만방에 흩어진 유대인 교포를 말한다. 팔레스타인 밖에 살면서 회당을 중심으로 유대인의 명맥을 이어왔다. 이들이 흩어진 동기는 하나님의 징계였으나, 그것이 오히려 하나님을 이방인에게 전하는 계기가 되었다.

9 만인구원설(Universalism)이나 보편구원설은 예수 그리스도의 속죄가 모든 사람을 포함하였는바, 누구든지 예수를 믿기만 하면 구원을 받는다는 이론이다. 감리교 등을 중심으로 많은 사람이 받아들이고 있지만, 장로교 등에서는 예정론을 따르고 있다.

10 말하는 나귀가 성경에 나온다. 뇌물에 눈이 멀어 영안이 가려진 메소포타미아 주술사 발람이, 지팡이로 나귀를 때리자 나귀가 주인에게 항의하였다. '제가 무슨 짓을 했다고 이렇게 3번씩이나 때리십니까?' 그때 하나님이 나귀의 입을 열게 하셨다고 한다.

11 몽학(蒙學) 선생은 주인의 자녀가 장성할 때까지 예절을 가르치고 학교에 데려다주는 등 보호와 인도를 책임진 가정교사였다. 율법이 사람을 구원으로 인도하는 것이 아니라, 죄를 깨닫게 하여 그리스도 앞으로 이끌어준다는 뜻에서 비유되었다.

12 방언(方言)이 성경에 나온다. 성령으로 충만한 제자들이 다양한 외국어로 말했다는 것이다. 외국인들이 놀라 서로 얼굴을 마주 보며 말하였다. '보십시오, 저들은 모두 갈릴리 사람이 아닙니까? 그런데 저들의 말이 우리 지방의 말로 들리니, 이게 어찌 된 일입니까?' 그때 제자들이 한 입으로 여러 가지 외국어를 동시에 말하지는 않았을 것이다. 그렇다면 하나님이 사람들의 귀를 열어 자기 나라 방언으로 들리게 하였다는 추정이 가능하다.

13 변증론(辨證論)은 기독교 신앙을 과학적으로 입증하고 설명하려는 시도를 말한다. 무신론자나 불신자, 반대자 등을 대상으로, 성경을 역사적 관점에서 변호하려는 취지에서 발전하였다.

14 사라(Sarah)의 미모(美貌)에 대한 기록이 1947년 발견된 사해 사본에 나온다. '사라의 미모는 대단하였다. 반짝이는 눈과 부드러운 콧날, 하얗게 빛나는 얼굴은 미인 중의 미인이었다. 백옥 같은 살결이 사라를 더욱 사랑스럽게 하였다. 곧게 뻗은 팔과 재능이 뛰어난 손, 고운 손바닥과 기다란 손가락, 예쁘게 생긴 발과 흠 없는 허벅다리 …. 지상의 어느 소녀보다도, 신부복을 입은 어느 신부보다도 사라는 더욱 아름다웠다. 미모와 함께 지혜도 뛰어났다. 이집트 왕 조안이 사라의 미모에 대해 자세히 듣고 사모하게 되었다. 그래서 사라를 데려가 자기 아내로 삼았다.'

사라는 아브라함의 아내로 고향을 떠날 때 65세였다. 출산하지 않고 폐경에 이르러 소녀의 미모를 그대로 간직하였다. 당시 건강한 여성은 100세까지 아이를 낳으며 200세까지 살았다. 실제로 아브라함은 100세, 사라는 90세에 아들을 낳았다. 오늘날 나이로 보면 30대 중반

쯤 되었을 것이다. 여성으로서 가장 현숙하고 아름다운 나이다.

15 사영리(四靈理)는 예수를 믿어야 구원을 받는다는 4가지 원리를 설명한 것이다.

① 하나님은 당신을 사랑하십니다. - 하나님이 세상을 이처럼 사랑하사 독생자를 주셨으니, 이는 그를 믿는 자마다 멸망하지 않고 영생을 얻게 하려 하심이라. (요한복음 3:16)

② 모든 사람이 죄인입니다. - 모든 사람이 죄를 범하였으매 하나님의 영광에 이르지 못하더니 (로마서 3:23)

③ 예수가 유일한 구원자입니다. - 내가 곧 길이요 진리요 생명이니, 나로 말미암지 않고는 아버지께로 올 자가 없느니라. (요한복음 14:6)

④ 예수를 믿어야 구원받습니다. - 주 예수를 믿으라. 그리하면 너와 네 집이 구원을 받으리라. (사도행전 16:31)

16 세대주의(Dispensationalism)는 하나님의 계획에 따른 통치 원리가 시대마다 다른바, 그 구원의 방법도 각기 다르다는 논리다. 이에 따르면 인류 역사상 여러 시대가 있었으나 그때마다 구원의 방법이 모두 다르게 된다. 예컨대 창조시대는 양심에 따라야 구원을 받고, 신정시대는 율법을 지켜야 구원을 받고, 인자시대는 예수를 믿어야 구원을 받고, 은혜시대는 성령의 충만을 받아야 구원을 얻는다. 이들도 상징이나 비유 등은 인정하지만, 특별한 사정이 없는 한 모든 예언을 문자대로 해석한다. 따라서 예수가 재림하여 천년왕국을 세우고, 7년대환란 전에 성도의 휴거가 있다고 주장한다.

17 신인동형동성(神人同形同性)은 보이지 않는 하나님을 보이는 사람의 관점에 따라 묘사한 기법이다. 하나님의 모습을 사람의 얼굴이나 손, 발 등으로 표현한 것을 신인동형이라 하고, 하나님의 성품을 사람처럼 화도 내시고 질투도 하시며 후회도 하신다는 등의 표현을 신인동성이라 한다.

18 아디아포라(Adiaphora)의 문자적 의미는 '하찮은 것'이다. 하나님이 '하라'고 하시거나 '하지 마라'고 분명히 말씀하지 않은 것, 즉 의나 불의, 선이나 악이 뚜렷하게 구분되지 않는 것이다. 예컨대 그리스도인이 포도주나 육회 같은 음식을 먹어도 되는지, 장기나 바둑 같은 오락을 해도 되는지, 예배 중에 공인되지 않은 노래를 부르거나 춤을 추는 것이 가능한지, 영화를 보거나 코미디를 즐겨도 되는지, 유대인의 절기를 지켜야 하는지, 십일조 헌금을 해야 하는지 등의 문제이다. 여기서 예수의 교훈을 우선적으로 살펴보아야 한다. 먼저 양심의 소리를 듣고, 그리스도 안에 있는 생명의 법에 따라서 절제의 자유를 찾아야 한다. 성령을 근심시키는 행위를 해서는 안 된다. 그래서 바울이 말하였다. '모든 것을 다 할 수 있는 자유가 있다고 해서 그것이 다 유익한 것도 아니며, 또 덕을 세우는 것도 아니다.'

19 아리우스주의(Arianism)는 4세기 초반의 이집트 장로 아리우스에 의해 일어난 사상으로, 예수가 삼위일체 하나님이 아니라 최초의 피조물이라는 이론이다. 교회의 여러 공론을 거쳐 이단으로 정죄되었으나, 여호와의 증인과 모르몬교 등에 의해 오늘날까지 이어지고 있다.

20 아포칼립스(Apocalypse)는 예언자를 통해 인류의 운명이나 멸망,

신천지 도래 등을 신이 알려준다는 종말론 사상이다. 전쟁이나 전염병, 기후 변화 등으로 인류가 멸망한 후에 임하는 세상을 포스트 아포칼립스라 한다.

21 언약(言約) 신학은 구약을 오실 그리스도의 이야기로, 신약을 오신 그리스도에 대한 이야기로 본다. 따라서 모든 예언을 예수 그리스도에 초점을 맞춰 구약은 행위로, 신약은 은혜로 구원을 받는다는 이원론적 해석 방법이다. 구약을 이스라엘 역사로, 신약을 교회의 역사로 보는 세대주의와 대비되는 개념이다.

22 여성(女性) 목사는 교회에서 금할 일이 아니라 적극 권할 사안이다. 여성도 자신의 은사로 남성 못지않게 사역할 수 있다. 모세의 누나 미리암과 랍비돗의 아내 드브라, 예언자 홀라 등은 여성으로서 귀하게 쓰임을 받았다. 신약의 막달라 마리아는 예수를 지근에서 섬겼으며, 바울의 동역자 브리스길라는 당시 최고의 석학 아볼로를 자기 집에 데려다가 성경을 풀어주었다. 욥바의 다비다는 선행과 구제로 여제자라는 칭호도 들었다.

23 연대기(年代記)는 하나님의 우주 창조를 기점으로 성경에 나타난 인류의 흥망성쇠와 사회의 변천 등을 연대순으로 기록한 것이다. 성경 시대 팔레스타인은 BC 40세기 아담, 30세기 노아, 20세기 아브라함, 15세기 모세, 10세기 다윗이며, 이후 지중해 세계는 BC 8세기 아시리아, 6세기 바빌로니아, 5세기 페르시아, 4세기 그리스, 3세기 하스몬 왕조, 그리고 BC 1세기부터 AD 5세기까지 로마시대가 이어졌다. BC(Before Christ)는 예수가 태어나기 전을, AD(라틴어 Anno Domini)는

'In the year of the Lord(주의 해)'로 예수가 태어난 후를 말한다. 따라서 예수의 탄생을 기점으로 역사의 기원이 바뀌었다.

24 열린 신학(Openness Theology)은 인간의 자유의지와 하나님의 예지(豫知) 관계를 설명하는 이론이다. 하나님께서 인간의 행동을 보시고 그 뜻을 돌이킬 수 있다는 말씀에 근거하지만, 하나님의 섭리를 인간의 의지로 무력화하거나 바꿀 수 있다는 위험성을 내포하고 있다.

25 요단(Jordan)강 도하는 이스라엘 백성이 이집트를 탈출하여 가나안 땅으로 들어갈 때, 요단강을 마른 땅처럼 걸어서 건넌 사건이다. 요단강은 '빠르게 흐르는 강'이다. 해발 2,814m의 헤르몬(Hermon) 산에서 발원하여, 홀레(Huleh) 호수(지금은 농경지)를 지나 갈릴리 바다에 모였다가, 다시 남쪽 요단강을 통해 사해로 흘러 들어간다. 갈릴리 바다의 표고는 해저 200m, 사해는 해저 400m로 낙차가 200m나 된다. 물살이 급하고 빠를 수밖에 없다. 하나님은 초자연적 방법으로 택한 사람과 민족을 돌보시고 다스리신다. 당시 요단강 도하는 지진을 이용한 하나님의 기적으로 밝혀졌다. 1267년과 1927년에도 지진으로 요단강이 막혀 마른 땅이 드러났다고 한다. 또 난공불락의 여리고 성이 무너진 원인도 고고학에 의해 지진으로 밝혀졌다.

26 유신진화론(Theistic Evolution)이나 진화창조론(Evolutionary Creationism)은 하나님이 자연계의 생명체에 진화의 능력까지 부여하였다는 기독교의 창조론이다. 사실 소진화라는 미소진화(Micro evolution)는 지금도 계속 이어지고 있다.

27 임파테이션(Impartation)은 일종의 영적 전이(轉移)로 성령의 은사를 다른 사람에게 나눠준다는 사상이다. 흔히 기도원 등에서 안수기도로 사람을 넘어뜨리는 모습을 본다. 아무리 살펴보아도 비성경적이다. 복음서에 단 한 번 쓰러지는 사람이 나오지만, 그것도 귀신이 내동댕이친 간질병 환자다. 예수의 명령이나 성령의 능력에 의해 쓰러진 것이 아니다. 그러나 오늘날 안수기도로 숱한 사람이 뒤로 벌렁 나자빠지곤 한다. 가끔씩 그들 중에는 신비한 체험도 하고 은혜를 받기도 한다. 따라서 무조건 이단으로 정죄하기도 어렵다. 성경에 없다고 해서 다 이단은 아닐 것이다. 그것이 비록 자기최면이나 이상한 영의 농락일지라도, 그 증거가 확실히 드러날 때까지 조심스럽게 접근할 필요가 있다. 하나님이 선히 여기시는 일은 사람의 생각을 능가하기 때문이다.

28 장로의 유전(Tradition)은 모세오경을 비롯하여 성문 율법을 세부적으로 해석하거나 여러 상황에 맞춰 재해석한 구전 율법이다. 율법학자들이 구약성경의 율법을 기초하여 세부적으로 만든 것이며, 조상으로부터 물려받은 규정이다. 당시 유대인은 사람의 지체 수라는 248개 행령(하라)과 1년의 날 수라는 365개 금령(하지 마라)을 만들어놓고, 248개의 지체로 구성된 인간이 365일 동안 하루도 빠짐없이, 613개의 장로 유전을 지켜야 한다는 식으로 가르쳤다.

29 제비뽑기(Lot)는 글자나 기호가 적힌 돌이나 나무 등을 던지거나 뽑아서 우선순위를 정하는 방법이다. 일찍이 제사장은 우림(Urim)과 둠밈(Thummim)을 무작위로 뽑아 하나님의 뜻을 묻는 수단으로 사용하였다. 초대교회 사도들도 가룟 유다를 대신할 후임자를 제비뽑기로

결정하였다. 하지만 하나님의 계시가 뚜렷한 은혜시대에는 지극히 제한적으로 사용되었다. 대부분의 제비뽑기가 미신적으로 남용되었기 때문이다. 사실 신정시대 이후 우림과 둠밈이 하나님의 뜻을 묻는 수단으로 사용되었다는 기록이 없다.

30 창조과학(創造科學)은 성경의 창조론을 과학적 사실로 인정하고 진화론을 부정하는 근본주의 기독교 운동이다. 이들은 창세기의 연대를 역산하여 우주가 1만 년 전에 창조되었다고 주장한다.

31 천년왕국(Millennium) 신앙은 유대교의 종말론 사상에서 비롯되었으며 요한계시록 20장에 나타난다. 사탄은 결박되어 천년 동안 심연에 던져지고, 순교자들은 부활하여 그리스도와 함께 천년 동안 다스린다는 내용이다. 예수의 재림으로 천 년간의 왕국시대가 시작된다는 전천년설과, 천 년간의 왕국시대가 있은 후 예수가 재림한다는 후천년설이 있다. 또한 천 년간의 왕국시대를 지금의 은혜시대, 곧 교회시대로 보는 사람들도 있다. 이른바 무천년설이다.

32 타로카드(Tarot Card)는 심령술사나 영매 등이 점치는 용도로 사용한 32장의 그림 카드를 말한다. 14세기경 유럽의 퇴마사에 의해 사용되었다. 사탄, 마귀, 귀신, 악령 등의 영적 존재는 성경에서 인정하지만, 천국으로 들어가지 못한 사람의 영혼이 귀신이 되어 구천을 떠돌아다닌다는 귀신론은 비성경적이다.

33 태양이 온종일 중천에 머물렀다는 기록이 성경에 나온다. 이스라엘 백성이 아모리 사람들과 치열한 전투를 벌일 때, 여호수아가 부르

짖자 하나님이 도와주셨다는 내용이다. 하지만 하나님이 실제로 지구의 자전을 멈추게 하셨는지, 다른 방법으로 태양과 같은 빛을 계속 비취게 하셨는지 알 길이 없다. 다만 여기서 중요한 사실은, 그 전쟁에 하나님이 개입하여 승리하도록 인도하셨다는 것이다.

34 필리오케(Filióque)는 라틴어로 'And the Son(그리고 아들)'이라는 뜻이다. 그리스어 신경 가운데 '성령은 성부에게서 발하시고'라는 구절이, 라틴어 번역본에서 '성령은 성부와 성자에게서 발하시고'로 바뀌게 되었는바, 동방교회의 그리스어 신경과 서방교회의 라틴어 신경 간의 불일치가 생겨 논쟁이 일어났으며, 11세기 교회가 동서로 분열하는 단초가 되었다. 성령이 단지 아버지의 영이냐, 아버지만이 아니라 아들의 영이기도 하느냐의 문제였다.

23. 용어

1 감사는 예수 그리스도에 의한 구원의 은혜가 너무 고마워 스스로 기뻐하고 즐거워하는 모습이다. 이스라엘 백성은 하나님의 은혜에 대한 감사의 표시로 제사를 드렸다. 감사는 하나님의 은혜에 대한 응답이요, 겸손은 예수의 구원에 대한 화답이다. 하나님께 감사하라. 그는 선하시며 그의 사랑은 영원하다.

2 감정은 희로애락에 대하여 반응하는 마음이다. 사람은 감정의 동물이다. 누구나 심각한 문제에 부딪히거나 양자택일의 기로에 설 때는 감정이 앞설 수 있다. 하지만 감정을 앞세우면 판단력이 흐려지고, 판

단력이 흐려지면 하나님의 뜻을 그르치며, 하나님의 뜻을 그르치면 대의명분을 놓치게 된다. 위선자는 아첨하는 말로 자신의 감정을 숨긴다.

3 결단은 무슨 일을 가부간에 결정하거나 단정하는 의지이다. 복잡다단한 사회에서 결단하기 쉬운 일은 없다. 무슨 일이나 자세히 들여다보면 모두 장단점을 가지고 있는바, 법과 도덕의 괴리가 있을 수 있고, 현실과 이상의 차이도 있을 수 있다. 특히 여러 사람의 이해타산이 걸린 문제는 더욱 결단하기 어렵다. 선을 베풀 힘이 있거든 주저하지 마라.

4 겸손은 하나님을 높이고 자신을 낮추는 태도다. 겸손하지 않는 사람은 하나님을 인정하지 않고 제멋대로 살아간다. 흔히 남을 나보다 낮게 여기고 자기를 낮추는 것이 겸손이라 생각하지만, 무턱대고 자신을 낮추는 것이 능사는 아니다. 하나님을 떠나서 겸손은 생각할 수 없다. 사람이 제아무리 자신을 낮추고 남을 높일지라도, 하나님의 뜻에서 벗어나면 겸손이 아니라 비굴이 된다. 비굴은 가장 못난 교만이다. 하나님은 교만한 사람을 대적하시고 겸손한 사람에게 은혜를 주신다.

5 고난은 누구에게나 찾아오는 달갑지 않은 손님이다. 힘들고 어렵지만 잘 받아들이면 합력하여 선을 이룬다. 예수의 고난을 생각하면 아무리 힘들고 어려운 일도 못 견딜 게 없다. 구름 속에 감춰진 태양과 고난 뒤에 숨은 영광을 바라보아야 한다. 고난을 외면하려고 발버둥 치지 마라. 아무리 불청객이라도 손님을 대하는 태도가 아니다. 의인은 고난이 많으나 하나님이 그 모든 고난에서 건져주신다.

6 과거는 흘러간 물이다. 흘러오는 물만이 물레방아를 돌릴 수 있다. 좋은 일이든 나쁜 일이든 지난날에 집착하지 마라. 과거의 필름을 마음 판에서 싹 지워버려라. 그래야 미래의 청사진을 바라볼 수 있다. 내일 일을 위하여 염려하지 마라. 내일 일은 내일이 염려할 것이요, 한 날의 괴로움은 그 날로 족하다.

7 교만은 하나님 앞에서 겸손하지 않고 잘난 체하며 건방을 떠는 모양이다. 우상숭배와 아울러 하나님이 가장 싫어하는 죄악이다. 교만은 하나님의 말씀을 거역하는 불순종이다. 하나님과 대등하게 되어보려는 사탄의 오만과 방자에서 비롯되었다. 교만은 패망의 선봉이요, 거만은 넘어짐의 앞잡이다.

8 교통은 하나님과 나누는 진지한 대화다. 기도나 묵상 등으로 은밀하게 교제하는 것이다. 서로 좋은 관계를 유지하며 유익한 정보를 주고받는다. 하나님은 악한 자를 미워하시고 정직한 자와 친근히 하신다.

9 꿈은 잠을 자면서 듣기도 하고 보기도 하는 생물학적 현상이다. 이상이나 비전을 의미하기도 한다. 사람은 하룻밤 사이에 서너 차례의 꿈을 꾼다. 자고 나면 대부분 잊어버리고 마지막 꿈만 겨우 기억한다. 하나님에 의해 주어지는 계시의 꿈도 있고, 장래 일을 미리 알려주는 예언의 꿈도 있다. 하지만 무의미한 개꿈도 많다. 단순히 꿈으로 점치는 자의 말은 듣지 마라.

10 기쁨은 아무것도 부족함이 없는 상태에서 우러나오는 흥겨운 감정이다. 모든 면에서 넉넉하고 충만한 분은 하나님뿐이다. 하나님을

믿고 의지해야 참 기쁨과 만족을 누릴 수 있다. 그래서 예수가 말하였다. '내가 이 말을 한 것은 내 기쁨을 너희와 나눠서 너희 마음에 기쁨이 넘치게 하려는 것이다.'

11 기적은 일반 상식과 자연법칙을 벗어난 기이하고 놀라운 일이다. 표적은 하나님의 계시가 깃든 불가사의한 기적이다. 성경은 기적과 표적의 책이다. 누군가의 말대로 성경에서 기적을 빼면 겉표지만 남는다. 기적은 믿음을 확증시키며 구원으로 인도한다. 하나님은 바울을 통해 희한한 기적들을 많이 행하셨다.

12 동행은 하나님과 함께 걸어가는 모습이다. 지혜로운 자와 동행하면 지혜를 얻고, 미련한 자와 사귀면 해를 받는다. 예수는 임마누엘(Immanuel)로 세상에 왔으며, 하나님은 우리의 길동무시다. 에녹은 300년 동안 하나님과 동행하다가 승천하였다.

13 목적의식은 인생의 방향을 뚜렷이 잡고 하나님 앞으로 나아가는 것이다. 비전이나 꿈이 없는 사람은 세상에 아무도 없다. 누구나 주님이 맡기신 인생 목적이 있으며 그대로 살아갈 책임이 있다. 하나님의 계획은 변함이 없고, 그 목적은 어느 세대나 한결같다.

14 복은 모든 것이 넉넉하여 부족함이 없는 상태로 행운이나 행복을 의미한다. 가시적인 복과 불가시적인 복이 있으며, 현세적인 복과 내세적인 복도 있고, 물질적인 복과 영적인 복도 있다. 하나님이 말씀하셨다. '내가 반드시 너에게 복을 주고 너의 후손을 번성하게 하겠다.'

15 빚은 어느 모로 보나 하나님의 뜻이 아니다. 법적 책임이 따르는 물질적 빚만이 아니라 도덕적, 윤리적, 양심적인 빚도 있다. 살아생전에 모두 갚아야 한다. 그때 그리스도 예수 안에서 진 사랑의 빚도 갚을 수 있다. 그래서 성경은 피차 사랑의 빚 외에는 아무에게든지 아무 빚도 지지 말라 하였고, 사정이 어려운 사람을 그냥 도와주라고 하였다.

16 사랑은 아낌없이 베풀어주는 하나님의 마음이다. 하나님은 사랑이요, 하나님의 자녀는 사랑의 열매다. 사랑은 성경의 중심이요, 핵심이다. 성(聖)과 의(義), 인(忍)과 조화(調和), 진노(震怒)와도 연결되어 있다. 그래서 사랑은 성경에 가장 많이 나온다. 하지만 한마디로 정의하기 어렵다. 감정과 의지를 포함하는 말로 폭넓게 사용되기 때문이다. 사랑은 허다한 죄를 덮어준다.

17 상담은 상담자와 피상담자가 마주 앉아 허심탄회하게 대화함으로써, 스스로 풀기 어려운 문제나 궁금증을 성령의 도움으로 해소하는 방법이다. 상담에는 기독상담과 일반상담이 있다. 학문적으로 분명히 나눠진 분야는 아니지만, 서로 보완하고 협력하는 관계다. 기독상담은 성경을 기준으로 예수의 교훈에 따라 신실한 그리스도인 양성이 목적이고, 일반상담은 오스트리아 심리학자 프로이트(Sigmund Freud, 1856~1939)의 정신분석학을 기초로 상의하고 조언하는 것이다. 주님의 교훈은 나의 즐거움이요, 상담자이다.

18 성결은 속되거나 부정하지 않으며, 성스럽고 정결한 상태이다. 거룩함은 하나님의 속성이고, 성결함은 성도의 모습이다. 그래서 하나님이 내가 거룩하니 너희도 거룩하라고 하였으며, 제사장과 레위인은 자

기 몸을 성결하게 하였다.

19 순종은 하나님의 말씀에 따라서, 성령의 인도를 받으며, 예수의 이름으로 살아가는 신앙인의 모습이다. 하나님께 순종하기 위해서는 우선 하나님의 말씀을 신뢰하고 받아들여야 한다. 성령의 도움으로 하나님의 뜻을 깨닫고, 예수를 믿음으로 순종할 수 있다. 그래서 사무엘은 순종이 제사보다 낫다고 하였다.

20 스트레스는 비정상적 자극으로 사람의 몸이나 마음에 나타나는 해로운 반응이다. 누적된 심신의 피로가 원인이다. 오늘날 현대병의 대부분이 스트레스로 인한 것이며 그 병명도 모른다고 한다. 임신부가 72시간 계속 스트레스를 받으면 자동으로 유산한다. 스트레스는 주지도 말고 받지도 말아야 한다. 하지만 그것이 쉽지 않아 누구나 스트레스를 받으며 살아간다.

스트레스의 원인은 분노나 나쁜 환경, 변화가 여의치 않을 때, 생체리듬이 깨질 때, 지나친 욕망, 완벽한 심리, 민감한 성격, 인간미 상실, 금전 문제, 실직, 은퇴, 질병, 삶의 양식 변화, 가정불화, 다른 사람과 비교, 미래에 대한 불확실성으로 인한 두려움, 불규칙적 소음 등으로 아주 다양하다.

스트레스를 받으면 간헐적 두통과 눈의 피로, 얼굴 홍조, 이를 갈음, 어깨와 목의 통증, 고혈압, 다혈증, 가슴 통증, 소화 불량, 호흡 곤란, 변비나 설사, 신경 경련, 좌절, 흥분, 건망증, 주의력 저하, 정신적 피로, 침울, 슬픔, 고독, 냉담, 조급함, 식사량 불규칙, 흡연이나 음주, 무모한 운전, 우울증이나 조울증, 정신분열 등의 증세가 찾아온다.

그러므로 스트레스를 받을 때, 규칙적인 운동과 취미 활동, 목욕과 충분한 휴식, 심호흡, 즐거운 식사, 긍정적인 생각 등으로 우선 안정을 취해야 한다. 그리고 조용히 기도하며 성령의 도움을 구해야 한다. 술이나 담배 등은 절대 금물이다. 마음이 청결한 사람은 복이 있다.

21 시련은 하나님이 성도의 믿음과 의지, 됨됨이 등을 알아보려고 테스트하는 경우가 많다. 어렵고 힘든 과정이나 그 열매는 달다. 하나님의 시련은 성숙한 신앙인을 만들기 위해 반드시 필요하다. 하나님이 성도의 연단을 거쳐 사명을 주시기 때문이다. 하지만 사탄의 시험이나 자신의 부주의로 어려움이 닥칠 수도 있으니 각별히 주의해야 한다. 시련을 견디고 이겨낸 사람은 생명의 면류관을 받을 것이다.

22 신념은 자신의 경험이나 생각을 굳게 믿고 지키는 마음이다. 믿음의 신념은 꼭 필요하지만, 선입관이나 고정관념의 틀은 반드시 깨뜨려야 한다. 육신의 생각은 사망이요, 영의 생각은 생명과 평안이다.

23 악은 하나님이 지은 것이 아니라 선의 부재다. 빛의 부재가 어둠이요, 질서의 부재가 혼돈이요, 충만의 부재가 공허다. 의는 정직한 사람을 보호하고, 악은 죄인을 망하게 한다. 악은 그 모양이라도 버려라.

24 양심은 사람의 마음속에서 우러나오는 성령의 소리다. 사안의 옳고 그름이나 선악을 판단하는 역할을 한다. 오직 사람만이 가지고 있는 고유의 기능이다. 양심적 성도는 하나님의 말씀을 선악의 기준으로 삼는다. 선은 변호하고 악은 고발하며 도덕적으로 깨끗하게 살아간다. 그러므로 하나님의 사람은 깨끗한 양심에 믿음의 비밀을 가지고, 날마다 양심을 두드리는 성령의 속삭임에 귀를 기울인다.

25 역경은 일이 순탄치 않아 고생이 많고 형편이 어려운 모습이다. 수시로 찾아오는 불청객이다. 고난이나 역경은 믿음이 좋은 사람과 그렇지 않은 사람을 가리지 않는다. 그때 신실한 사람은 기도하고 그렇지 않은 사람은 낙심한다. 기도하면 은혜받고 새 힘을 얻는다. 입과 혀를 지키는 사람은 역경 속에서도 자기 영혼을 지킨다.

26 영안은 영의 세계를 바라보는 통찰력이다. 하나님의 은혜로 받는 영적 권세와 능력이다. 영의 세계를 목격한 믿음의 사람이 많다. 야곱은 하늘에서 땅으로 연결된 사닥다리를 보았고, 하나님의 천사와 밤새도록 씨름을 하였다. 모세는 불타는 떨기나무에서 하나님의 임재와 음성을 들었고, 하나님이 친히 새겨주신 십계명을 받았다. 엘리사는 하나님이 보내주신 수많은 불 말과 불 병거를 보았으며, 욥은 극심한 고통 속에서 믿음의 눈으로 하나님을 바라보았다. 그리고 예수는 죽음을 목전에 두고 모세와 엘리야를 만나 대화를 나누었다.

27 욕심은 분수에 넘치게 탐하거나 누리려는 생각이다. 흔히 사람은 어느 정도 욕심이 있어야 하며, 욕심이 없으면 진취성이 떨어진다고 한다. 하지만 지나친 욕심은 절대 금물이다. 욕심이 불평불만을 낳고, 시기와 질투와 미움을 일으키며, 결국은 죄와 더불어 지옥으로 들어간다. 욕심이 많은 사람은 다툼을 일으켜도, 하나님을 신뢰하는 사람은 부유하게 된다.

28 용서는 그리스도 안에서 허락된 하나님의 최고 선물이다. 예수의 십자가로 모든 죄와 허물이 용서되었다. 형벌 중에 가장 큰 형벌은 죽음이나 그것도 면제되었다. 조건 없는 용서는 구원의 요건이다. 그리

스도의 은혜로 용서받은 사람만이 하나님과 화해할 수 있고, 하나님과 화해한 사람만이 구원의 대열에 참여할 수 있다. 하나님이 그리스도 안에서 우리를 용서하시듯 우리도 서로 용서해야 한다.

29 우연은 원인 없이 뜻하지 않게 일어나는 일이다. 성경은 모든 일이 하나님의 섭리하에 있으며, 모든 것이 합력하여 선을 이룬다고 한다. 어떤 일은 우연히 일어날 수도 있지만, 그 우연 속에 내포된 하나님의 의도를 보아야 한다. 그런 사람은 정말 행복하다.

30 우정은 우애나 우의를 드러내는 그리스도의 마음이다. 우리는 친구나 친지, 이웃과 다정다감한 우정을 나눠야 한다. 다윗과 요나단은 성경에 나타난 우정의 친구였다. 이들은 단순한 애정이나 동정심으로 맺어진 게 아니었다. 무슨 유익을 구하거나 도움을 받으려는 건 더욱 아니었다. 서로가 하나님의 뜻에 순종하려고 애썼으며, 불의에 대항하여 죽음을 무릅쓰고 끝까지 도왔다. 이처럼 우정은 단순한 애정을 넘어 죽음까지 불사하는 믿음을 가지고 있다. 우정 중의 우정은 바른말을 하는 것이다.

31 원망은 자기 잘못은 덮어두고 남을 탓하며 분히 여기는 마음이다. 하나님의 은혜를 모르는 불신앙에서 비롯된다. 하나님에 대한 배은망덕이요, 성령에 대한 몰지각이다. 하나님을 원망하는 사람은 반드시 그에 따른 형벌이 주어진다. 원망은 하나님의 권위를 실추시킬 뿐만 아니라, 의롭고 긍휼히 풍성하신 하나님을 모독하는 것이다. 원망하다가 하나님의 천사에 의해 심판받은 사람이 많다. 어떠한 경우에도 하나님을 원망하지 말아야 한다.

32 은사는 하나님의 특별한 선물이다. 은혜가 모든 사람에게 주어진 보편적 선물이라면, 은사는 특정한 사람에게 허락된 개별적 선물이다. 하나님의 은사와 부르심에는 후회가 없다. 말로 다 할 수 없는 선물을 주시는 하나님께 감사하라.

33 은혜는 아무 대가 없이 주시는 하나님의 선물이다. 자격 없는 사람에게 무한정 베풀어주시는 용서와 사랑이다. 율법을 준수해야 의롭게 된다는 생각은 참으로 어리석다. 하나님의 은혜는 순전히 공짜다. 그냥 믿고 받아들이면 주어진다. 은혜가 행위로 된다면 그것은 이미 은혜가 아니다.

34 이기심은 이웃을 아랑곳하지 않고 자기 잇속만 챙기는 악마의 근성이다. 시기심과 이기적 야심이 있는 곳에 온갖 분란과 더러운 행위가 숨어있다. 이기심에 사로잡혀 진리를 거스르는 사람에게 하나님의 진노와 분노가 있을 것이다.

35 이웃은 자기 가족을 포함하여 가까이 사는 사람이다. 특히 보호자 없는 어린이, 후손 없는 독거노인, 거동이 불편한 장애인, 고질병을 앓는 환자, 생활고에 시달리는 사람들이 우리의 가장 가까운 이웃이다. 친구의 책망은 아파도 진심에서 나오지만, 원수의 입맞춤은 거짓에서 나온다. 친구를 망치는 사람도 있으나 동기보다 가까운 벗도 있다.

36 인내는 고난과 역경을 이길 수 있는 힘의 원천이 된다. 무작정 참고 버티는 게 아니라 소망 가운데 기다리는 것이다. 우리 가운데 한 형제는 그야말로 파란만장한 인생을 살면서, 인내만큼 큰 덕목이 없

다는 사실을 절실히 깨달았다. 인내는 연단을, 연단은 소망을 이룬다. 끝까지 참고 견디면 부족함이 없는 완전하고 성숙한 사람이 된다.

37 자아는 '내가' 또는 '나는'과 같이 주로 자기중심적으로 나타난다. 중생은 자아에서 벗어나는 길이다. 자신의 고정관념이나 선입관을 깨뜨리는 것, 곧 자아를 파쇄하고 그리스도의 마음을 품는 것이다. 신앙의 승패는 자아에서 얼마나 벗어나느냐에 달려 있다.

38 장수는 건강하게 천수를 다하는 삶이다. 무기력하고 병약한 상태에서 목숨을 연명하거나 의학의 도움으로 수명을 연장하는 것이 아니다. 창세기의 선조들이 장수를 누린 것은 깨끗한 환경과 순수한 식생활로 질병에 노출되지 않았으며, 흠 없는 세포 조직과 닳지 않은 말단소체(Telomere) 유전자를 그대로 간직하고 있었기 때문이다. 하나님을 경외하면 장수하지만 악인의 수명은 줄어든다.

39 저주는 남에게 재앙이나 불행이 닥치기를 비는 주술 행위다. 축복과 대비되는 미신으로 불신앙에서 비롯된다. 그래서 예수가 말하였다. '너희를 핍박하는 사람을 축복하고 저주하지 마라.'

40 절제는 방종에 흐르지 않도록 욕심을 조절하는 힘이다. 절제는 믿음의 결과요, 성령의 열매다. 하지만 사람의 의지로 어렵다. 오늘날 절제하지 못해서 어려움을 겪는 사람이 많다. 특히 중독성 물질을 조심해야 한다. 주초, 마약, 진정제, 수면제, 흡입 약제, 약물, 코카인, 아편, 대마초, 환각제 등은 정신과 육신을 동시에 황폐화시킨다. 도박이나 카지노 등 사행성 행위와 투기성 복권은 가정까지 파괴시킨다. 그

러므로 모든 것이 가하나 모든 것이 유익한 것이 아니며, 모든 것이 가하나 모든 것이 덕을 세우는 것이 아니다.

41 정직은 바르고 절개 있는 믿음 생활의 원형이다. 정직한 사람은 좌로나 우로 치우치지 않고 오직 하나님만 바라보며 살아간다. 하나님께 모든 삶의 가치를 두고, 예수를 중심에 모시고, 성령의 인도를 받는다. 하나님께 자신의 인생을 통째로 맡긴다는 유재(留在)의 생활이다. 이보다 더 편하고 안전한 방법은 없다. 정직한 사람은 바르게 살아서 앞길이 열리지만, 사기꾼은 속임수를 쓰다가 자기 꾀에 넘어진다.

42 조언은 어떤 일에 대하여 올바로 판단하고 깨우치도록 도와주는 말이다. 무슨 일이든 조언은 아끼지 않되 자기주장을 고집하거나 강요하지 말아야 한다. 모든 일의 결국은 성령이 인도하기 때문이다. 의논 없이 세워진 계획은 실패하지만, 조언자가 많으면 그 계획이 이루어진다.

43 중용은 어느 한쪽으로 치우치지 않으며, 지나치거나 모자라지도 않는 모양이다. 기독교의 중용은 어디까지나 하나님의 말씀이 기준이다. 성경의 가르침에서 벗어나지 말아야 한다. 그래서 모세가 말하였다. '너희는 하나님이 명하신 대로 삼가 행하여 좌로나 우로나 치우치지 마라.'

44 지식은 하나님을 알고 믿어 누리는 총체다. 하나님을 아는 것이 지식의 근본이요, 시작이다. 하나님을 알지 못해 믿지 못하고, 믿지 못해 누리지 못하는 것이다. 의인의 입술은 여러 사람을 가르치고, 미련한 자는 지식이 없어 죽는다.

45 지혜는 인생의 의미와 이치를 깨달아 현명하게 살아가는 모습이다. 지혜로운 사람은 모사가 뛰어나고 판단력이 우수하며, 하나님을 경외하고 도덕적으로 깨끗하다. 지혜를 버리지 마라. 그 지혜가 너를 보호할 것이다. 지혜를 사랑하라. 그 지혜가 너를 지킬 것이다. 지혜를 찬양하라. 그 지혜가 너를 높일 것이다. 지혜를 고이 간직하라. 그 지혜가 너를 영화롭게 할 것이다. 그러므로 지혜로운 사람과 함께 다니면 지혜를 얻고, 미련한 사람과 사귀면 해를 입는다.

46 직업은 하나님이 사람에게 허락하신 신성한 사명이요, 과업이다. 우리는 능력에 따라 열심히 일해야 한다. 모든 직업은 하나님이 주신 것이다. 그래서 바울은 일하기 싫은 자는 먹지도 말라 하였다. 게으른 자는 손가락 하나도 까딱하지 않고 포부만 키우다가 죽는다.

47 진리는 영원히 변치 않는 하나님의 말씀이다. 어떤 원칙과 논리에도 모순되거나 어긋나지 않는다. 하나님의 말씀은 성령의 영감으로 기록된 성경이다. 성경은 예수 이야기다. 예수가 길이요, 진리요, 생명이다. 성령은 진리의 영이다. 그리스도를 떠나서 진리를 논할 수 없다. 진리는 이념이 아니라 실제로 우리 안에 있다. 진리를 알게 되면 그 진리가 너희를 자유롭게 할 것이다.

48 체험은 그리스도 예수를 실제로 보고 듣고 만지며 살아가는 삶의 현장이다. 기독교는 체험의 종교다. 체험이 있어야 믿음이 흔들리지 않는다. 그래서 바울이 말하였다. '우리가 항상 예수의 죽음을 체험하는 것은 예수의 생명이 우리 몸에 나타나게 하려는 것이다.'

49 판단은 어떤 대상을 나름의 논리나 기준으로 단정하는 일이다. 무슨 일을 판단하기에 앞서 전후좌우 관계를 자세히 살펴보아야 한다. 그리고 판단해도 늦지 않다. 어떤 사람은 성격이 급하여 화를 먼저 내거나 선불리 판단하여 돌이킬 수 없는 결과를 초래한다. 특히 윗사람이 인내하지 못하고 자기 주관대로 아랫사람을 무시하거나 무자비하게 대하면 억울하기 짝이 없다. 그래서 요한은 겉모양만 보고 판단하지 말고 올바른 기준으로 판단하라고 하였다.

50 평화는 히브리어 샬롬(Shalom), 그리스어 에이레네(Eirene)로 평강, 평안, 평온, 화목, 화평, 화해 등 다양하게 번역된다. 평화는 전쟁이나 분쟁, 갈등 따위가 없이 모든 방면에서 자유로워야 한다. 반목질시하는 원수가 화해하고, 하나님과의 관계가 회복되고, 두려움에서 벗어나 자유를 누려야 한다. 그러므로 참 평화는 그리스도 예수 안에서 찾을 수 있다. 평화를 위해 일하는 사람은 평화의 씨를 심어 정의의 열매를 거둔다.

51 피로는 심신이 지치고 노곤한 모습이다. 사람은 건강한 육체와 건전한 정신이 융화해야 한다. 아무리 건강한 육신을 가지고 있어도 정신이 건전하지 못하면 지적 장애가 발생하고, 아무리 건전한 정신을 가지고 있어도 육신이 건강하지 못하면 지체 장애가 생긴다. 사람의 손바닥과 손등을 가를 수 없고 동전의 앞뒤를 나눌 수 없듯이, 사람의 육신과 정신도 따로 떼어놓을 수 없다. 고단한 육신이 정신적 피곤을 가져오고, 피곤한 정신이 육신적 고단을 가져온다. 그러므로 사람은 피로하기 전에 쉬어야 한다. 주님은 피곤한 자에게 힘을 주시고 무능한 자에게 능력을 더하신다.

예수 팩트

52 행복은 만사가 만족한 상태로 오래 지속되는 형국이다. 사람은 재산이나 명예, 권력이나 인기 등을 가지면 행복할 것으로 생각하나 실상은 그렇지 않다. 사람의 욕심은 바닷물과 같아서 마시면 마실수록 더 갈증을 느낀다. 끝없는 구렁텅이요, 채우고 채워도 모자라는 무저갱이다. 재물을 탐하는 자는 아무리 많은 재물을 모아도 만족함을 모른다. 그러므로 행복의 파랑새는 그리스도 예수 안에서 찾을 수 있다. 이 지혜를 깨닫는 사람은 정말 행복하다.

53 허영은 분수에 넘치는 겉치레 영화다. 주제를 파악하지 못하고 허세를 부리는 모양이다. 현대인은 자기를 과대 포장하거나 필요 이상으로 디자인하여 남의 눈살을 찌푸리게 한다. 허영은 자기는 물론이고 공동체에도 나쁜 영향을 미친다. 무슨 일을 하든지 다툼이나 허영으로 하지 말고, 겸손한 마음으로 자기보다 남을 낮게 여겨야 한다.

24. 윤리

1 윤리는 마땅히 지켜야 하는 사람의 도리와 규범이다. 하나님에 대한 책임과 사람에 대한 의무가 있다. 이른바 천륜과 인륜이다. 모든 윤리는 하나님의 말씀에서 나온다. 당연히 인간의 규범보다 하나님의 말씀이 우선이다. 하지만 성경에는 만고불변의 절대윤리도 있고, 불가피하게 받아들일 수밖에 없는 상황윤리도 있으며, 당시의 문화나 풍습 등에 의해 부득이 주어진 한시윤리도 있다. 따라서 하나님의 속성상 절대윤리만 인정해야 한다는 사람도 있고, 현실에 맞춰 폭넓게 해석하고 받아들여야 한다는 사람도 있다. 사회적 윤리와 도덕적 기준

은 시대와 문화, 사람의 의식 수준이나 감정에 따라 다를 수 있다. 천편일률적으로 적용하거나 고집해서는 곤란하다. 그럼에도 상황윤리는 정말 부득이한 경우에 한하여 받아들여야 한다. 조금만 느슨하게 적용하면 그 틈새를 파고들어 무자비한 폭군으로 변질될 수 있다. 그야말로 공익을 위한 긴급피난이나 정당방위 등에서만 인정해야 한다.

2 기독교 윤리는 그리스도인이 어떻게 살아야 하는지에 대하여 성경적 관점에서 묻고 사회적 답안을 제시하려는 노력이다. 하지만 성경은 인간 만사에 대하여 구체적 해결 방안을 제시하지 않는다. 그럼에도 성경 전반에 걸쳐 인생의 원리와 윤리의 표준은 제시하고 있다. 레몬을 주면 받아서 자기만의 레몬즙을 만들어 마시라는 뜻이다. 이때 독보적인 성령의 은사를 받아 적용해야 한다. 따라서 기독교 윤리는 시대에 따라 문화의 옷을 갈아입기 마련이다.

3 거짓 교사는 그리스도를 빙자한 가짜 선생이다. 속은 아니면서 겉만 그럴싸하게 포장하여 거짓을 전파하는 사이비 일꾼이다. 초대교회는 거짓 교사를 일컬어 그리스도를 이용한 장사꾼이라 하였다. 당시 거짓 예언자가 많이 일어났듯이, 오늘날 교회에서도 거짓 선생이 난무하고 있다.

4 그리스도인은 예수를 자신의 구원자로 영접하여 함께 살아가는 사람이다. 영어로 크리스천(Christian), 한문으로 기독교인(基督教人)이다. 그러므로 예수 없는 그리스도인은 있을 수 없다. 목사나 장로, 권사나 집사 같은 종교인보다 먼저 그리스도인이 되어야 한다. 그래야 천국 열차에 몸을 실을 수 있다.

5 나실인(Nazirite)은 '스스로 헌납하다'의 뜻으로 하나님께 바쳐진 사람이다. 그는 머리털을 자르지 않고 포도주나 독주를 마시지 않았다. 태어날 때부터 특별한 능력을 가지고 있었으며, 평생 나실인의 신분을 유지하였다. 자신이 스스로 일정 기간을 정하여 서원한 자발적 나실인도 있었다.

6 노예는 주인에게 노동력을 제공하는 종이다. 그 인권은커녕 생살여탈권까지 주인이 가지고 있었다. 주인의 재산 대장에 등재된 상거래 대상으로 15세기에는 노예 시장까지 열렸다. 17세기 영국의 퀘이커(Quaker)파를 중심으로 반대 운동이 일어났으나, 18세기에 결국은 노예 제도가 합법화되었다. 그러나 19세기 들어 미국의 링컨 대통령이 이끄는 북군의 승리로, 노예 문서가 불태워지고 역사의 무대에서 사라졌다.

7 다수결 원칙은 무슨 안건을 사람의 숫자에 의해 결정하는 방식이다. 군주주의나 공산주의하에서는 다수결이 존중될 여지가 없었으나, 민주주의 사회는 자연스럽게 받아들였다. 소수의 불만을 잠재우고 무리 없이 일을 추진할 수 있다는 장점이 있다. 하지만 다수결이 반드시 옳은 것은 아니다. 권모술수와 당리당략이 판치는 세상에서 다수결을 악용하는 세력이 엄연히 존재하기 때문이다. 예수도 군중심리에 의한 다수결로 십자가형을 받았다.

8 도둑질은 남의 물건을 몰래 훔치거나 속여서 빼앗는 범죄이다. 알고 보면 이 세상에 내 것은 하나도 없다. 하나님이 모든 것의 주인으로서 그 관리를 우리에게 잠시 맡겨주었을 뿐이다. 화투나 도박, 복

권, 사행성 게임 등은 그야말로 도둑놈 심보에서 나온다. 정식으로 허가된 복권이나 파친코, 카지노나 고리대금업, 부동산 투기 등도 신앙인의 양심상 받아들일 수 없다. 이런 것은 돈을 사랑하는 부정직한 마음에서 나온다. 그리스도인은 부지런히 일해서 떳떳하게 벌고 당당하게 써야 한다.

9 돈은 재화의 가치를 표시하고 물건의 교환을 매개하는 물질이다. 주화와 지폐, 은행권 등이 있다. 재산 축적의 기준이 되며 오늘날 세상에서 가장 큰 힘을 발휘하고 있다. 아무도 무시하지 못할 정도의 괴력을 지니고, 인간이 원하는 모든 것을 수하에 두고 맘몬의 제왕으로 군림한다. 자본주의 사회에서 돈으로 안 되는 일은 거의 없다.

10 두려움은 무슨 위협을 받거나 위험한 상황이 미친다고 여길 때 일어난다. 불안이나 초조, 긴장 등을 수반한다. 불안은 하나님을 불신하거나 무슨 연유로 하나님과의 관계가 깨어질 때 찾아온다. 사람이 하나님을 떠나서 자기 뜻대로 살다가 보면 어딘가 모르게 불안한 느낌이 든다. 평화를 주시는 하나님의 품에서 벗어났기 때문이다.

11 리더십(Leadership)은 지도자의 통솔력으로 팔로워십(Fellowship)을 수반한다. 교회를 섬기는 지도자의 자질은 정말 남달라야 한다. 우선 하나님을 사랑하고 이웃을 사랑하는 마음이 간절해야 한다. 섬김을 받는 위치가 아니라 섬기는 자리에 있다는 자세를 견지해야 한다. 그래서 예수는 교회 안에서 지도자라는 소리를 듣지 말라 하였다. 사실 지도자는 그리스도 한 분뿐이다.

예수 팩트

12 무소유 원칙은 모든 것이 하나님의 소유인바, 자기 마음대로 사용하거나 처분하지 말아야 한다는 원리다. 성도는 하나님의 것을 하나님이 뜻에 따라 선용해야 한다. 무소유 실천은 예수가 최고의 모델이다. 마지막 남은 겉옷 한 벌까지 자기를 찌른 군병의 몫이 되었고, 잠시 빌린 무덤까지 주인에게 돌려주었다. 그리고 승천하심으로써 예수의 흔적은 복음밖에 남지 않았다. 그 흔한 초상화조차도 남기지 않았다. 따라서 무소유 원칙은 자신의 유산이나 유품은 물론, 유골도 세상에 남기지 않겠다는 그리스도의 마음에서 출발한다. 그리스도인의 무소유 정신은 하나님의 나라를 이루기 위해 꼭 필요하다. 성 프란체스코(S. Francesco, 1182~1226), 한경직(韓景職, 1902~2000) 목사님, 법정(法頂, 1932~2010) 스님 등이 귀감이 되었다.

13 문신(Tattoo)이나 귀걸이, 코걸이, 배꼽 장식(Piercing) 등은 아름다움이 아니라 부끄러움이다. 하나님이 부모를 통해 주신 몸을 변형시키는 일은 옳지 않다. 과도한 몸단장은 하나님의 질서를 깨뜨리는 행위로 불신에서 비롯된다. 그래서 성경은 몸에 무늬를 놓지 말며, 화려한 겉치장이 아니라 정숙한 마음으로 속사람을 아름답게 하라고 한다.

14 물질은 재물이나 재산을 비유적으로 일컫는 말이다. 돈으로 환가되는 모든 물건이다. 원래 물질은 철학에서 나온 이원적 용어로서 인간의 내면세계인 정신적 부분을 제외한 모든 것이다. 우주에 물질을 이루는 원소의 수가 10의 90승이나 된다고 한다. 이 모든 것을 하나님이 만드셨다. 하나님이 모든 물질의 주인이다.

15 물질관은 물질에 대한 개념이나 견해, 또는 물질을 바라보는 시각

이다. 물질은 돈으로 환가되는 재화의 가치다. 자본주의 사회에서 살아가는 사람치고 물질을 싫어할 사람은 아무도 없다. 오히려 물질을 만능이라 생각하고 물질을 축적하기 위해 아우성치며 살아간다. 그들에게는 물질이 인생의 전부다.

16 병은 정신이나 육신에 이상이 생겨 고통스러운 상태다. 구약시대는 하나님의 징계나 형벌, 노여움의 표시로 병이 생긴다고 믿었다. 이는 사람의 죄로 생기는 병이다. 예수는 귀신을 쫓아내는 방법으로 병을 고쳐주기도 하였다. 더러운 귀신이 병을 안겨주기도 한다는 말이다. 하지만 모든 병이 죄나 귀신에서 오는 건 아니다. 죄인의 구원을 위해 하나님이 일시적으로 주는 병도 있고, 사람의 부주의나 실수로 생기는 병도 많다.

17 복수는 남이 나에게 해를 끼친 대로 나도 그에게 해를 입히는 앙갚음이다. 보복은 확대 재생산된다는 특징이 있다. 복수는 하나님의 몫이다. 직접 원수를 갚지 말고 하나님께 맡겨야 한다. 다윗은 자기를 죽이려는 사울 왕을 죽일 기회가 많았으나 하나님의 심판에 맡기고 손을 대지 않았다. 그리고 10년 이상 도망자 신세로 피해 다녔다. 숱하게 죽을 고비를 넘기며 어려움을 겪었으나 끝까지 하나님이 도와주셨다.

18 부자는 소유한 재물이 넉넉하여 부족함이 없는 사람이다. 한국 속담에 부자가 더 무섭다는 말이 있다. 많이 가진 사람이 더 인색하다는 뜻이다. 영국의 소설가 찰스 디킨스(Charles Dickens, 1812~1870)의 동화에 스크루지 영감이 나온다. 가난한 이웃을 외면하고 자기만의 부자로 살

다가 나중에 뉘우치고 개과천선하였다. 지금도 재물을 모을 줄은 알아도 나눌 줄을 모르는 인색한 부자가 많다. 사울 시대에 나발은 가축을 많이 가진 부자로서 이래저래 다윗의 도움을 많이 받았다. 하지만 어려움에 처한 다윗의 도움을 거절한 후 지레 겁을 먹고 죽었다. 그래서 나발은 인색한 부자로 죽은 성경의 대표적 인물이 되었다.

19 불면증은 신경질환이나 정신분열, 우울증이나 울분 등으로 단잠을 이루지 못하는 증상이다. 사람은 하루에 8시간 일하고, 8시간 여가를 즐기며, 8시간 자는 것이 좋다. 물론 사람의 체질과 건강 상태에 따라 다르기는 하겠으나, 망가진 생체 리듬을 회복하기 위해서는 일찍 자고 일찍 일어나는 게 좋다. 생체 리듬이 깨어지면 수면 장애와 아울러 무기력증에 빠진다.

20 불신자는 예수를 아예 모르거나 알아도 받아들이지 않는 사람이다. 세상에는 신자와 불신자가 뒤섞여 살아가기 마련이다. 직장에서도 함께 일한다. 서로 다른 종교를 가진 사람들이 자신의 신앙과 관계없이 상거래도 하고 교제도 하면서 더불어 살아간다. 신자라고 다 선한 것도 아니고, 불신자라고 다 악한 것도 아니다. 그들은 전도의 대상이지 차별의 대상이 아니다.

21 사유재산은 개인이 자유롭게 사용하거나 수익 또는 처분할 수 있는 재화나 권리다. 현실적으로 모든 재산은 다다익선이다. 물질만능주의 사회에서 재산을 마다할 사람은 아무도 없다. 그래서 누구나 재산 축적에 혈안이 된다. 그러나 분명한 사실은, 자신의 역량 이상의 재산은 예기치 못한 사태나 불행을 초래할 수도 있다는 점이다. 이런 시험

에 빠진 사례는 허다하다. 로또복권으로 횡재한 사람이 갑자기 늘어난 재산으로 삶의 패턴이 무너지고, 가정이 깨어지는 등 인생을 망치는 경우가 많다는 것이다.

22 사형은 죄인의 목숨을 강제로 빼앗는 형벌이다. 목을 매달아 죽이는 교수형, 칼로 목을 쳐서 죽이는 참수형, 총을 쏴서 죽이는 총살형, 불에 태워 죽이는 화형 등이 있다. 한국은 교수형을 취하고 있으나 2007년 이후 사형을 집행하지 않고 있다. 고대 사회의 십자가형은 너무 잔인하여 요즘은 찾아볼 수 없다. 예수는 형벌 가운데 가장 고통스러운 십자가형을 받았다. 당시 로마법은 로마 시민에게 십자가형을 선고하지 않았다. 아주 악질적인 범죄자나 반란을 꾀한 정치범 등에 한하여 선고하였다. 그런데 기독교에서 사형 제도를 어떻게 받아들여야 하는가? 원칙적으로 모든 사람이 죄인이다. 죄인이 죄인을 심판하여 강제로 목숨을 빼앗는 행위는 무리라고 본다. 그래서 예수는, 당시의 법으로 당연히 돌을 던져 죽일 간음한 여인을 앞에 세워 놓고, 그들 중에 죄 없는 자가 먼저 돌로 치라고 하였던바, 늙은이부터 젊은이까지 모두 자리를 떠나고 말았다. 예수도 그 여인을 정죄하지 않는다고 하였다.

23 살인은 사람의 목숨을 강제로 빼앗는 최악의 범죄다. 십계명 가운데 제6계명으로 하나님이 엄히 금하셨다. 원칙적으로 사람이 사람을 죽일 권한은 없다. 살인은 동물이나 식물을 죽이는 것이 아니다. 하나님의 형상대로 지음 받은 사람의 목숨을 강탈하는 것이다. 하나님을 경외하지 않는 불신앙에서 비롯된다. 사전에 계획된 고의 살인이나 청부 살인, 충동적 살인, 과실치사는 물론, 경우에 따라서 다르긴 하겠지만, 낙태나 안락사, 자살까지도 살인이 될 수 있다.

24 서약은 하나님 앞에서 무슨 행위를 하거나 예물을 바치겠다는 약속으로 신앙고백의 일환이다. 사람이 하나님께 무엇을 서원하거나 약속하였으면 반드시 지켜야 한다. 하지만 사람 간의 약속은 당사자나 그 책임자가 받아들이지 않을 경우 무효로 할 수 있다. 서로가 의무를 부담하는 쌍무 계약이기 때문이다.

25 성도는 하나님의 거룩한 백성이다. 자신의 십자가를 지고 예수를 따른다는 특징이 있다. 죄와 허물로 죽은 사람이 예수를 믿음으로 새 사람이 되고, 성령의 인도를 받으며 하나님과 동행하게 된다. 따라서 예수와 함께하지 않는 성도는 있을 수 없다. 그런 사람은 종교인으로 하나님의 나라와는 거리가 멀다.

26 소수의견은 다수결에 의해 소외당하기 쉽다. 오늘날 민주주의 사회는 다수결 원칙을 존중한다. 부득불 소수 의견이 무시될 수밖에 없다. 교회 안에서도 다수결에 의해 안건을 의결한다. 소수 의견이 희생되기는 마찬가지다. 하지만 예수는 작은 자의 친구로 세상에 왔으며, 소수자의 의견도 무시하거나 소홀히 여기지 않았다.

27 식량은 생존을 위한 곡식이나 과일, 채소, 고기 등이다. 하나님이 사람을 창조하시기 전에 먹거리부터 먼저 만들어주셨다. 이른 비와 늦은 비를 내려주시고 풍성한 과일과 채소가 있게 하셨다. 노아의 홍수 뒤에는 식물이 부족하여 동물까지 식용으로 허락하셨다. 하지만 사람이 애당초 채식을 하였다는 사실을 감안할 때, 채식 위주의 식생활이 바람직하다. 다니엘과 그 친구들이 그 본을 보여주었다.

28 안수는 사람이나 동물의 머리 위에 손을 얹고 하는 기도다. 야곱이 요셉의 두 아들, 에브라임과 므낫세의 머리 위에 손을 얹고 기도한 데서 그 유래를 찾을 수 있다. 안수는 안수하는 사람이 가진 능력이나 권위를 안수받는 사람에게 위임하거나 전가한다는 의미가 있다.

29 영적 그릇은 하나님을 모시는 가장 심오한 인간의 기관이다. 하나님의 형상대로 지음 받은 사람은 누구나 하나님이 필요하며, 자신의 영에 하나님의 영을 모셔야 한다. 그래야 본연의 기능을 발휘할 수 있다. 하나님을 모셔야 하나님의 자녀가 된다. 밥이 담기면 밥그릇이 되고 국이 담기면 국그릇이 되듯이, 자신의 그릇에 하나님을 담아야 하나님의 사람이 된다.

30 우선 원칙은 무슨 일을 받아들이거나 실천하기에 앞서 가장 먼저 생각하고 적용하는 법칙이다. 사람이 성령을 받으면 예루살렘과 유대와 사마리아와 땅끝까지 이르러 주님의 증인이 된다. 이것이 선교의 원칙이다. 우리 주변의 가까운 이웃부터 시작하여 다른 마을로 선교를 넓혀 나가야 한다. 읍면동과 시군구, 시도를 지나서 나라와 민족을 복음화하고 해외로 나가야 한다. 구호 사업도 이웃을 시작으로 한반도를 거쳐 외국으로 눈길을 돌려야 한다. 선교나 구호만이 아니라 다른 봉사도 마찬가지다. 기독교는 섬김의 종교다.

31 일꾼은 하나님이 맡기신 일을 성실하게 감당하는 사람이다. 예수를 믿고 은혜를 받음으로 하나님의 자녀가 되고, 주어진 은사를 최대한 발휘함으로 하나님의 일꾼이 된다. 일꾼은 하나님의 말씀을 가르치거나 복음을 전하는 사람은 물론, 이름도 없이 빛도 없이 허드렛일

을 하는 사람까지 다양하다. 바울은 이방인의 일꾼으로서 주님의 복음을 전하는 일을 맡았으며, 그 일을 위하여 자신의 인생을 통째로 바쳤던바, 많은 사람을 하나님의 품으로 돌아오게 하였다.

32 자살은 스스로 목숨을 끊는 사탄의 청부 살인이다. 자기도 죽고 가족도 죽이는 이중 살인을 범하는 것이다. 성경에 자살한 사람이 여럿 나온다. 아비멜렉, 사울, 사울의 경호병, 아히도벨, 시므리, 가룟 유다 등이다. 하지만 이들이 모두 지옥에 갔다고 쉽게 단정해서는 안 된다. 하나님이 그 사정과 형편을 두루 살펴보시고 주권적으로 판단하시기 때문이다.

33 자위행위(수음)는 인간의 본능적 성욕을 인위적으로 해소하는 방편이다. 이를 죄라고 할 수는 없다. 젊은이의 몽정 등은 생리적 현상인바, 사정상 불가피한 경우도 있다는 말이다. 하지만 불임을 위한 고의적 설정 등은 하나님의 섭리를 거역하는 행위로 간주될 수 있다. 그 사정과 형편 등을 종합적으로 고려하여 하나님이 판단하실 일이다. 하지만 동성애나 동성혼, 수간 등은 하나님이 엄히 금하는 범죄다.

34 장례는 사람의 시신을 화장, 매장, 산골, 기증 등의 방법으로 처리하는 의식이다. 동서고금을 떠나서 장례식은 엄숙하게 거행하는 것이 관례요, 죽은 사람에 대한 예의다. 유대인은 죽음이 끝이 아니라 지하 세계에서 잠시 쉬는 것으로 여기고, 동굴이나 산을 깎아 만든 구멍에 시신을 안치하고 정성껏 돌보았다. 시신을 넣는 동굴은 천연적인 것도 있었으나, 대부분 인위적으로 구멍을 파서 만들었다.

35 종은 주인에게 예속된 노예나 하인이다. 고용인, 품꾼, 사환, 일꾼 등으로 불린다. 고대 사회에서 종의 주권은 주인에게 있었다. 종의 생명권은 물론, 종을 노동력으로 계산하여 재산 목록에 등재하여 관리하였으며, 주인이 죽으면 그 자녀에게 상속되었다. 종은 주인에게 충성과 복종만 요구되었다.

36 지도자는 그리스도인 공동체를 이끌어가는 사람이다. 오늘날 교회의 목회자나 선교 단체의 대표자 등이다. 종교 지도자의 자격은 세상의 기준과 완전히 달라야 한다. 세상은 건강과 학력, 인품, 능력, 리더십 등을 우선으로 보지만, 하나님은 그 마음과 정성을 최우선으로 보신다. 소위 백이나 정치 수완, 자금력, 가문 등은 세상의 기준이다. 하나님이 세우신 지도자는 인간적으로 미숙하거나 보잘것없는 인품의 소유자가 대부분이다.

37 청지기는 주인의 종을 돌보고 재산을 관리하는 사람이다. 청지기의 사명은 오직 충성이다. 하나님의 청지기는 흠잡을 데가 없고, 고집을 부리지 않고, 쉽게 성내지 않고, 술을 즐기지 않고, 폭행하지 않고, 부정한 이득을 탐내지 않아야 한다.

25. 문화

1 문화는 하나님이 인간에게 허락하신 지식이나 지혜를 십분 발휘하여 정신적, 물질적으로 인류의 보다 나은 삶을 추구하는 총체다. 그렇게 일구어놓은 문화의 양식을 문명이라 한다. 따라서 문화는 창조주

하나님이 만유를 지배하고 다스리라는 명령에서 비롯된바, 인류가 피조 세계를 지배하고 다스리며 살아가는 모든 활동이다. 인류가 원래부터 악하지 않았던 것처럼 문화도 처음부터 나쁜 것은 아니었다. 하지만 인류의 타락과 아울러 비뚤어진 문화가 생겨났으며, 이는 사람의 부질없는 욕심에서 비롯되었다. 1,600년 동안에 걸쳐 40여 명의 다양한 저자에 의해 기록된 성경의 문화를 오늘날 사람이 다 이해하기는 어렵다. 성경에 기록되지 않고 고고학적으로 드러나지 않은 풍습이나 사상은 자세히 알 수가 없다. 따라서 성경 밖의 자료를 통해서 성경시대의 문화를 살펴볼 필요가 있다.

2 기독교 문화는 하나님의 창조 질서와 예수 그리스도의 십자가 정신을 절대적 가치로 삼고 살아가는 행동 양식이나 사고방식이다. 한편 반기독교 문화는 성경과 예수 그리스도의 신앙을 대적하는 종교 다원주의와 이방 종교의 미신적 사상 등이다. 이들은 하나님의 창조 질서를 무력화하고 인간을 만물의 척도로 삼는다는 특징이 있다.

3 사람이 언어를 사용하면서 의사소통이 가능해지자 자연히 상거래가 발생하였고, 보다 효율적인 상거래를 위해 화폐와 도량형의 기준을 만들었다. 따라서 성경시대에 사용한 화폐 가치와 길이, 부피, 무게 등의 도량형 단위를 살펴보는 것이 당시의 문화를 이해하는 데 크게 도움이 된다.

길이 단위는 큐빗(Cubit)이 널리 사용되었다. 1큐빗은 성인의 팔꿈치에서 장지 끝까지의 길이다. 사람에 따라 약간씩 차이가 났던바, 큰 큐빗과 작은 큐빗으로 구분하였다. 신약시대는 대략 45.6cm를 1큐빗으로 보았다.

무게 단위는 세겔(Shekel)이 있었다. 세겔도 성소 세겔과 보통 세겔, 왕실 세겔로 구분하였다. 왕실 세겔은 보통 세겔의 2배였고, 성소 세겔은 보통 세겔에 1/5를 더한 1.2배였다. 화폐가 주조되기 전에는 금, 은, 동과 같은 금속을 저울에 달아 상품의 값을 매겼으며, 나중에 주화를 지칭하는 화폐가 되었다.

부피 단위는 호멜(Homer)과 밧(Bath)이 대표적으로 사용되었다. 호멜은 나귀가 운반할 수 있는 양으로 230ℓ쯤 되었고, 밧은 팔레스타인 지역에서 사용한 항아리의 용적으로 23ℓ쯤 되었다. 그러다가 신약시대에 접어들면서 되, 말, 석(230ℓ)이라는 고체 단위와 말(23ℓ)과 통(39ℓ)이라는 액체 단위가 생겨났다.

4 시간은 태양과 달의 변동에 따라 짐작하였다. 해가 뜨거나 질 때, 서늘하거나 저물 때, 닭이 몇 번째 울 때 등의 방식으로 유대와 로마가 달랐다. 유대는 해 뜨는 시간 오전 6시를 0시로 하여 낮을 12시간으로, 밤을 3시간씩 4경으로 나누어 사용하였다. 1시간을 60분으로, 1분을 60초로 하는 수준에는 이르지 못했다.

월력은 종교 월력과 민간 월력이 따로 있었다. 우리의 음력과 비슷하게 한 달을 29일이나 30일로 정하여 태양력으로 삼았으며, 1년이 365일보다 짧게 되어 3년마다 남는 29일 또는 30일을 우리의 윤달과 비슷하게 제2의 아달월로 하였다. 아달월은 바벨론식 명칭으로 민간 월력 6월, 종교 월력 12월, 태양력 2월 또는 3월이었다.

오늘날 달력은 그레고리 13세 교황이 1582년 선포한 그레고리력이다. 1년은 365.25일, 즉 365일 5시간 48분 46초로 4년마다 윤년을 도입하되, 100년 단위의 윤년은 윤년으로 보지 않는다. 다만 100년 단위도 400년으로 나눠서 떨어지면 윤년이다. 그래서 양력은 4년마다 1년을 366일로 하되 2월 29일을 두며, 음력은 5년에 2번씩 1년을 13개월로 하게 되었다.

5 음주나 흡연, 오락과 가무 등은 아디아포라에 속하는 사항이다. 성경에서 딱히 금하지는 않으나 술이나 담배, 마약 등에 중독되면 인생을 망치게 된다. 포도주는 적당히 약으로 쓰면 소화기나 심장에 다소 도움이 되지만, 많이 마시면 취하게 되고, 취하면 누구나 실수하게 된다. 우리는 알코올 중독으로 어려움을 겪다가 주님의 은혜로 술을 끊었다는 간증을 많이 듣는다. 그래서 성경은 술을 즐기는 자와 고기를 탐하는 자와 사귀지 말라 하였다.

6 술은 사탄의 도구로 이용되기 쉽다. 사람이 마시면 알코올 성분이 혈액 속으로 퍼져나가 뇌까지 올라간다. 정신이 혼미하고 육신이 나른하며, 이성을 상실하고 감정을 억제하지 못한다. 몸도 제대로 가누지 못하고 갈 지(之)자로 비틀거리게 된다. 술은 매우 위험하고 다루기 힘든 물질이다. 한번 중독되면 끊기도 힘들뿐더러 패가망신하는 경우도 있다. 술 취하면 방탕하기 마련이고, 누구나 중독되어 헤어나지 못하게 된다. 하지만 하나님은 무슨 일이나 다 하실 수 있다. 술 취하지 말라. 이는 방탕한 것이니, 오직 성령으로 충만함을 받으라.

7 진화론(進化論)은 1830년대 찰스 라이엘과 에라스무스 다윈 등에 의해 처음으로 주장되었으나 실체적 증거가 없어 크게 관심을 끌지 못하였다. 모든 생명이 신에 의해 창조되었다는 믿음이 굳건한 계몽주의 시대였기 때문이다. 그러나 1859년 찰스 다윈(Charles Darwin, 1809~1882)이 『종의 기원』을 출간함으로써 당시 과학계에 엄청난 반향

을 일으켰다. 모든 종들의 조상이 존재한다는 원리에 따라 생명나무로 묘사하였는바, 태초까지 거슬러 올라가 미생물에서 시작되었다는 것이다. 하지만 유대교와 기독교, 이슬람교 등 셈족 종교에서는 먼저 신의 창조가 있었고, 일부의 진화도 신의 섭리 하에 이루어진다고 믿었다.

8 형이상학(形而上學)은 사물의 근본적이고 본질적인 원리를 추구하는 학문이다. 피조세계의 시간과 공간과 물질의 개념, 그리고 신의 성품과 역할 등을 정신적이고 철학적인 문제로 봐서 경험적으로 해석한다. 이는 소크라테스와 그 제자 플라톤 등에 의해 발의되고, 플라톤의 제자 아리스토텔레스에 의해 정립되어, 아리스토텔레스의 제자 알렉산더 대왕에 의해 헬레니즘 문화로 꽃을 피웠으며, 최종적으로 예수 그리스도에 의한 파레시아(정의), 즉 정신문화 체계와 의식개혁 운동으로 완성되었다.

편집을 마치고,

"결혼하게. 양처를 만나면 행복할 것이고, 악처를 만나면 철학자가 될 걸세."

소크라테스가 어느 청년에게 한 말이다.

이 부족한 종을 얼치기 글쟁이로 이끌어주신 주님께 감사한다.

예수와 구원에 대한 자세한 이야기는『예수 교의(敎義) Ⅰ, Ⅱ』(2016년)를 참고하시기 바랍니다.

여러분의 가정에 주님의 은혜와 사랑이 가득하기를 빕니다. 아멘.